ラグビー質的観戦入門

廣瀬俊朗

角川新書

はじめに

２０２３年９月８日に開幕するラグビー・ワールドカップ（以下Ｗ杯）フランス大会を前に、ラグビー日本代表（通称「ジャパン」）に大きな期待が寄せられている。

19年にはこの大会が日本で開催され、ジャパンは、アイルランド代表、スコットランド代表といった強豪を撃破してベスト８に進出。日本中に熱狂を巻き起こした。

そんなジャパンが、４年ぶりにＷ杯を戦うのだ。期待は高まるばかりだ。

ここ最近、他競技での日本代表チームの活躍も続いている。

22年11月20日から12月18日にかけて行われたＦＩＦＡワールドカップ２０２２カタール大会では、サッカー日本代表がグループリーグでドイツ代表、スペイン代表という優勝経験のあるヨーロッパの強豪を破る快挙を成し遂げ、人々の心を揺さぶった。

23年３月には、ワールド・ベースボール・クラシック（ＷＢＣ）が行われ、栗山英樹《くりやまひでき》監督率いる日本代表（侍《さむらい》ジャパン）が、決勝戦でメジャーリーガーを揃えたアメリカ代表に3対2と競り勝って、3度目の優勝を遂げた。優勝に至るまでの過程もドラマティックな勝利の連続で、野球という競技の存在感がとてつもなく大きくなった。

こうした中で、多くのみなさんが「ラグビーもきっとやってくれるだろう」と思っていることを、僕自身も感じている。

2023年ラグビーW杯で、世界ランキング10位のジャパンは、22位のチリ代表、6位のイングランド代表、12位のサモア代表、8位のアルゼンチン代表の順に戦うが、これらのチームを破ってベスト8に勝ち残り、さらに「その上」を目指している（ランキングは23年6月10日現在。以下同）。

その可能性については本文に書いたので、そちらを読んでいただきたいが、僕はベスト8に入る実力が十分にあると考えている。

でも、ラグビーの話を始める前に、WBCで「面白いな」と思ったことがあったので、そこから話を始めたい。

WBCで投打に超人的な活躍をしたロサンゼルス・エンゼルスの大谷翔平《おおたにしょうへい》選手が、決勝戦の開始前にロッカールームで行った、「今日だけはあこがれるのをやめましょう」という、あの有名なスピーチが、僕自身にもジャパンでキャプテンを務めた経験があったので、非常に興味深かったのである。

大谷選手が使った「あこがれ」という言葉は、僕たちが15年W杯イングランド大会に臨むときに、「みんなにあこがれられるチームになろう!」を合い言葉にしていたから親近感が湧いたし、スピーチ自体も「いいスピーチだ」と思った。

でも、一方でその言い方が、ストイックな感じでも思い詰めたような感じでもなく、どちらかというと、淡々としたライトな感覚だったことに驚いた。

ラグビーでは、もっとダイレクトに「相手の息の根を止めろ!」といった強いトーンの話し方になることが多い。もちろん、どういう言葉を出すかはキャプテンのキャラクターにもよるし、僕自身は、「なんのためにこの試合に臨むのか」「自分たちが積み重ねてきたものを出そう」といった、もう少し自分たちの内側に向けた言葉を話すことが多く、試合前に、あまり相手を意識し過ぎるようなことは言わなかった。でも、そういう僕にも、大谷選手がさらりと力むことなく話す様子が新鮮に映ったのだ。

「野球って、こういう話し方をするんだ」と感心したことを覚えている。

それが、野球という競技の特性なのか、大谷選手のキャラクターによるのかまではわからないが、たぶん、23年ラグビーW杯のジャパンでは、ああいうライトな話し方でロッカールームのスピーチをすることは、まず考えられない。だから、これは直接身体をぶつけ合うラグビーと、コンタクト*のない野球の、競技特性の違いなのではないかと、僕は思っている。

ただ、「あこがれるのをやめる」ことは、ラグビーでもとても大切なことだ。

あこがれが内側にあると、相手の選手を等身大に見られなくなり、必要以上に「きっとすごい選手に違いない」とか「この人たちは上手《うま》いんだろうな」と思い込んでしまう。15年W杯でジャパンのヘッドコーチ（HC）を務めたエディ・ジョーンズさんには、そういう気持ちを「エクスキュース」つまり「言い訳」と指摘されたが、自分たちで勝てない理由や言い訳を探してしまうところが、W杯で勝てるようになる前のジャパンには確かにあった。僕のなかにも同じようなような気持ちがあったことを覚えている。

15年W杯に向けて強化する過程でそういうマインドセットは大きく変わり、誰も強豪に対してあこがれや恐れる気持ちを持たなくなった。だからこそ、15年W杯では、南アフリカ代表スプリングボクスを34対32と破る勝利を挙げられたし、サモア代表、アメリカ代表にも勝って3勝1敗で大会を終えることができた。

そういう経験があったから、大谷選手のスピーチを「いい言葉だな」と思ったのである。

もう一つ、WBCを見ていて興味深かったのがラーズ・ヌートバー選手の存在だった。ヌートバー選手は、セントルイス・カージナルスで活躍するバリバリのメジャーリーガーだが、母親の久美子《くみこ》さんが日本人である関係で、子どもの頃から日本の野球文化を身近に感じて、日本代表としてプレーすることにあこがれを持っていた。

母親が日本人であることで日本代表の選手資格を得られたところも、ラグビーにも同じようなルールがあるから（後述）、親近感を覚えた。しかも、チームに合流してから時間がなかったにもかかわらず、すぐにチームに溶け込み、日本の打線を引っ張る活躍を見せて、自身の存在価値をプレーで証明してみせた。本当にラグビーのように感じたのだ。

実は、WBCが終わってから、僕は栗山監督と日本テレビ系の『news zero』でお会いする機会があった。

そのとき栗山監督から、ヌートバーに、来日前に『君が代』を覚えてくるよう伝えた、というエピソードを伺った。監督自身が、ラグビーを見て、そう思いついたということだった。

僕が19年W杯のときに、「スクラム・ユニゾン」の活動を通して、日本の国歌だけではなく、参加国すべての国歌を試合会場で歌うプロジェクトを行ったのも、国歌をその国の人たちといっしょに歌えば心理的な垣根が低くなり、相手にその国をリスペクトしていることが伝わると思ったからだった。なにより、それが僕たちからの「おもてなし」になるとも考えていた。

だから、ラグビーを見てヌートバー選手に国歌を覚えるように伝えた、という栗山監督の言葉を聞いて嬉《うれ》しくなったのである。

ラグビーにも、さまざまな縁から日本でラグビーをプレーするようになり、そのままジャパンに選ばれた、海外出身の選手たちが大勢いる。

そうした多様性を持ったチームが、ジャパンのラグビースタイルというアイデンティティを貫いて、19年のW杯でベスト8に勝ち残ったからこそ、多くの国民が熱狂して応援してくれた——と僕は思っている。そして、こうしたチームの在り方が、現代社会における多様性を持つ組織のモデルケースとして広く認められたことが嬉しかった。

ジャパンのなかで自分たちの在り方を表す言葉として使われていた「ワンチーム

（ONE TEAM）」が、19年の流行語大賞を受賞したのも、その証《あかし》だと僕は思っている。

ジャパンにはピーター・ラブスカフニという南アフリカ共和国出身のフォワード（FW）がいる。

身長は189センチ、体重は106キロで、主にオープンサイドフランカー（FL）（7番）を務めて19年W杯でも活躍したが、彼の豊富な運動量と低い姿勢のプレースタイルは、まさに日本が目指している姿である。

ボールを持てば、サポーターのみなさんが「リーチ！」と声をかけてくれるリーチ マイケルも、高校時代から慣れ親しんだこの国でトップレベルの選手へと成長し、今では日本のラグビー文化を体現する「ジャパンの顔」となった。

そして、この二人だけではなく、ジャパンに選ばれた選手たちはみな出身を問わず、ジャパンが体現しているラグビースタイルやラグビー文化に共感しているからこそ、厳しい練習に耐えてW杯を目指している。つまり、ジャパンのスタイルやチームとして築いてきたカルチャーが、彼らに「日本で代表を目指そう！」というモチベーションになっているのだ。

21年までラグビーでは、国の代表選手になるためには、以下の4条件のうち一つをクリアすることが求められていた。

・生誕　その国または地域で生まれた
・血縁　祖父母までさかのぼった親族がその国または地域の出身
・地縁　その国または地域に継続的に3年以上居住している
・居住　通算で10年その国に居住している

同時に、一度、一つの国や地域の代表またはそれに準じるチームに選ばれた選手は、違う国で代表になることができないことも定められていた。これは、3年居住をクリアして複数の国や地域の代表になることを禁じるためだった。

ところが、22年1月1日から、「最初の代表チームで最後に試合出場してから36か月以上経過していること」かつ「選手が代表資格変更を希望する国で生まれている、または親や祖父母のうち誰かがその国で生まれていること」をクリアして、ワールドラグビーの承認を得れば、一度だけ代表する国を変更できるように、規約が改正された。

この結果、さまざまな事情で母国とは違う国に住み、そこで代表に選ばれた選手たちが、定められた期間を経た後に、母国に戻って代表となることが可能になった。

特に、海外に移住する人口が多い、トンガ、サモア、フィジーといった南太平洋《みなみたいへいよう》諸国では、この改正によって、過去にニュージーランドやオーストラリアなどで代表に選ばれたトップレベルの選手が母国に戻って代表となることが可能になり、これらの代表チームが強化される可能性が出てきた。

一方で、ワールドラグビーは、やはり22年1月1日から、これまで3年居住で認めていた代表資格を、「5年以上居住」と厳格化した。

こうした一連の改正は、他国から有力な選手を移住させて、短期間で代表強化を図ろうとする動きを規制し、一方でそうした選手の供給源となっている南太平洋の国々に、流出した才能を取り戻す機会を与える狙いがあると思われる。

今後も規制がどのように改正されても、選手が母国ではない国や地域の代表になったり、逆に母国に戻って代表となるような動きは続くだろう——と僕は考えている。

もちろん、南半球やヨーロッパの有力なクラブチームが高額の契約で有力な選手を集め、その選手がそのまま居住年数をクリアして代表に選ばれるケースは引き続きありそうだが、ラグビーという厳しい競技をトップレベルで続けて代表に選ばれ、W杯に出場するのは、それほど容易なことではないだろう。自分が海外に行って、その国の代表になることを考えると、様々な面から簡単ではない。家族と離れる時間も増える。生活リズムが変わる場合もある。

だから僕には、彼らが母国を離れてもその国や地域の代表になりたいという何かがあるように思えてならないのだ。

それが、「この国のラグビースタイルが好きだ」とか、「この国でずっとラグビーを続けたい」という、選手の内側から湧き上がってくる、いわば内的なモチベーションではないか。

そういう内的なモチベーションを持った、意識の高い選手たちでなければ、母国を離れて、厳しい競争にさらされながら代表選手の座を争い、W杯で活躍するのは難しいからだ。

現代が、ラグビーがグローバル化し、マーケットとしての規模も拡大して、マネーが動くようになった。だからこそ、お金ではない価値観、つまり、そうした内的なモチベーションの重要性が高まっているように思うのだ。

一方で、その国や地域で生まれ育った選手たちにも、もっとラグビーの魅力を発信し、母国に競技を普及させたいという熱い思いがある。

特に4年に一度開催されるW杯は、そうしたメッセージを発するための最高の機会だ。だから、優勝するのが難しい国の選手でも、歯を食いしばって走り、懸命にタックルを繰り返して、自分たちの「大義」への思いを発信しようとする。

かつてジャパンがW杯でなかなか勝てなかった時代でも、選手たちはみな、日本のラグビー熱を高めたいという強い思いを抱いてプレーを続けていた。

15年W杯で、ジャパンが南アフリカに劇的な逆転勝利を収めたのも、そうした先輩たちが築いた土台があったからだ。

そして、ハードワークを積み重ねて勝利をつかむというプロセスが、多くの人々の共感と感動を得て、現在のジャパンを支える土台となっている。

そうした循環が世界の各国で見られるからこそ、W杯は最高に魅力的で面白い。

参加チームが単なる「勝ち負け」だけにこだわっていたら、こうした感動のドラマは生まれなかっただろうと思う。「勝ち負け」を超えたところに大きな意義を見いだして、誇りをかけて戦うからこそ、W杯は感動を呼ぶのである。

本書も、そういう流れを意識しながら執筆した。

だから、勝つためにどんなプレーをするかといったラグビーの実践的な技術論よりも、選手たちが日々の練習を通じてどうやって所属するチームのラグビースタイルを作り上げ、それを、勝利を得るための文化へと昇華させているか——といったプレーヤーの内側に触れる部分に多くのページを割いている。

それは同時に、23年W杯フランス大会を楽しみにしているファンのみなさんに、より深くラグビーに興味を持っていただくきっかけになるものだと、僕は信じている。

そういう見方で本書を読んでいただければ、第1章では、スタジアムや映像でラグビーを見るときにみなさんが感じるであろう素朴な疑問にお答えできるよう、そして、見ているだけではなかなかわからないプレーヤーの心理や覚悟がいくらかはご理解いただけるように構成してあることが、おわかりいただけると思う。

同様に、第2章では、それをポジションやユニットといった区分けで、それぞれに与えられた、やらなければならない仕事＝タスクがどのようなものであるか。そしてまた、そのタスクをまっとうすることで、チームにどのような恩恵がもたらされるかを解説した。

第3章では、チームとしてのスタイルや文化が、どのように形作られるかを述べた。

第4章では、いよいよ始まるW杯フランス大会の戦いがどのようなものになるかを展望してみた。

つまり、本書は、23年W杯を、より深く豊かに味わうためのガイドブックなのである。

また、W杯が終わった後に振り返っていただくのにも良いだろう。

第5章では、少しリラックスしてみなさんに23年W杯のホームであるフランスという国を知ってもらえるように、ラグビーとフランスの関わりについても述べている。

そして最後に、現在のジャパンの「強み」について、僕なりの考えを書いた。


これから9月8日のフランス代表対ニュージーランド代表オールブラックスの、おそらく史上もっとも豪華なW杯開幕戦が行われるまでのしばしの間——みなさんには、ゆっくりと心ゆくまでラグビーの味わい深い世界を堪能《たんのう》していただければ、と思っている。

目次

第2章　ラグビー選手はこんなに凄いアスリート　85

第3章　ラグビーW杯をより深く楽しむ「ステップアップ観戦術」　123

第4章　ラグビーW杯フランス大会はこうなる

第5章　廣瀬俊朗の私的フランスW杯ガイド　205

第6章 ジャパンが「ベスト8以上」を目指すために必要なもの 231

※解説が必要と思われる専門用語について、巻末の「ラグビー用語辞典」で説明を補った。また、該当用語の本文初出の箇所に「＊」マークを付した。

構　成／永田洋光
図版作成／小林美和子
　　　　　村松明夫
取材協力／飯島直樹

第1章

「意味」がわかれば
ラグビー観戦の「質」が高まる!

＊

みなさんがラグビーを観戦するとき、楽しみにしているのは、応援しているチームがいいパフォーマンスをして、勝利を手にすることだと思う。

だから、試合前には理想の試合展開を思い描いたり、誰が活躍するかをワクワクしながら予想して過ごす。そして、キックオフの瞬間からは、選手たちの姿を目をそらすことなく追い続けて、しっかりと目に焼きつける。

この章では、そんなラグビー観戦のときに、みなさんがスタジアムや映像で目にする光景の一つひとつにどんな意味や意図があるのか。そして、実際にプレーしている選手たちは、どんなことを考え、何を見て、どう判断してゲームを進めているのか――といったことを解説しよう。こうした選手目線の見方を頭の片隅に入れてもらえば、みなさんのラグビー観戦の質がより深く、楽しくなると思うからだ。

●スタジアムではウォーミングアップにも注目してみよう！

ウォーミングアップ＊は、パスやキック、タックルといったベーシックスキルの確認を主な目的にしている試合前の練習だ。

スタジアムのグラウンドで行われるから、ご覧になった方も多いだろう。

ウォーミングアップのときには、事前に準備してきたスペシャルプレーを確認したい気持ちにもなるが、同じグラウンドに相手がいるのでチーム全体でおおっぴらにやることは難しい。バレてしまうからだ。だから、チームとして、ではなく、そのプレーに求められるスキルを個人的にこっそり練習する。基本的に、どちらのチームも、相手がどんな練習するかを見ているから、どうしてもオーソドックスな練習になることが多いのだ。

もちろん、相手の主力選手やマークする選手がどんな状態でいるのかも、ウォーミングアップで気になるポイントだ。ただ、相手もチェックされていることが当然わかっているので、あまり気にし過ぎない方がいい。

コーチ陣は、負傷明けで復帰した相手の選手が、どこにテーピングをしているかや、どの程度の強度でコンタクトに取り組んでいるかなどをチェックすることがある。その状態によって、試合での対応が変わってくるからだ。

たとえば、他の選手がコンタクトを練習しているときに、負傷明けの選手が別メニューに取り組んでいると、まだ本格的なコンタクト練習に取り組める状態ではないのではないか、といったことが、コーチを通じてチームに共有されるのだ。

しかし、それはコーチの仕事であって、選手は、試合に向かう気持ちを高めることに重点を置いている。

そういうときに、リーダーとして気にかかるのは、スキル面よりも、チームみんなの熱量がどのくらいあるか、だ。これは、スタジアムにいるファンにも比較的つかみやすい項目ではないか。

チームによってそれぞれスタイルが違うので一概には言えないが、たとえば東芝ブレイブルーパス東京のような〝熱いチーム〟ならば、その熱量をつかみやすい。あるいは、埼玉パナソニックワイルドナイツのような、ウォーミングアップで個人個人がそれぞれの課題に淡々と取り組むようなチームが、全員でものすごい熱量を発していたら、その試合にかける意気込みの大きさが伝わってくる。

毎週試合会場に足を運ぶような熱心なファンならば、細かいことはわからなくても、「今日は熱量が高い」とか「気合いが入っているな」と感じ取ることができるだろう。どこがどう違うかを具体的に指摘できなくても、全体的な雰囲気から伝わるものが必ずあるはずだ。そういうところに着眼すると、ウォーミングアップの時間が、試合の行方を占うための大切な時間だと思えてくるのだ。

ウォーミングアップでミスが多い場合は、サポーターはちょっと心配になるだろう。選手にとっても、その原因が緊張からなのか集中力が欠けているからなのか自分自身でわからない場合もあるが、どこかにミスが起こる原因が必ずあるはずだ。たとえば、メンバーが大きく替わって、ちょっとした不安から連携やタイミングが合わない時もある。

ここで、リーダーが重要になってくる。どこかのタイミングで練習を止めて、みんなで集まるのも一つの方法である。原因が何で、どうすれば良いのか？　具体的に話をする。加えて、みんなで顔を見て安心することで落ち着くこともある。

ひいきチームのプレースキッカー*が、ウォーミングアップのときの練習でゴールを外すことが続くと、これもサポーターには心配のタネになるだろう。

ピッチにいる選手も同じで、ときには「あれ、どうしたんだろう？」と心配することもある。ただ、リーグワンのようなレベルでプレースキッカーを務めている選手は、ほとんどが経験豊富で、精神的に切り替えも上手《うま》いから、ウォーミングアップのときの成功率と実際の試合での成功率が違うこともある。要は、試合でキックを決めることが大切なのであって、ウォーミングアップで何本キックを決めても、それは試合の結果と同じとは限らない。

２０１１年のラグビーW杯ニュージーランド大会で、ジャパンはフランス代表と初戦を戦った。そのとき、フランスは、ウォーミングアップから引き上げるときにキャプテンを先頭に、全員が肩に手を置き、ひとかたまりになって引き上げた。

おそらくこれが、そういう引き上げ方をした最初のケースではなかったかと記憶しているが、以後、こういう形でロッカーに引き上げるチームが、日本国内でも増えた。

これはチームとしての一種のセレモニーだが、お互いの身体に触れることで不安感を払《ふっ》拭《しょく》する効果があるのではないか。誰にとっても試合前は不安なものだし、それがW杯の最初の試合ともなれば、かかる重圧もかなり大きい。だから、身体に触れると良いのだろう。

もちろん、チームの結束を見せつける意図もあると思う。

これまでと違うやり方をしていた場合には、「何かいつもと違うことを考えて、準備してきたことをやっているのだろう。今日の試合はこのチームに注目してみよう」と思えるのだ。

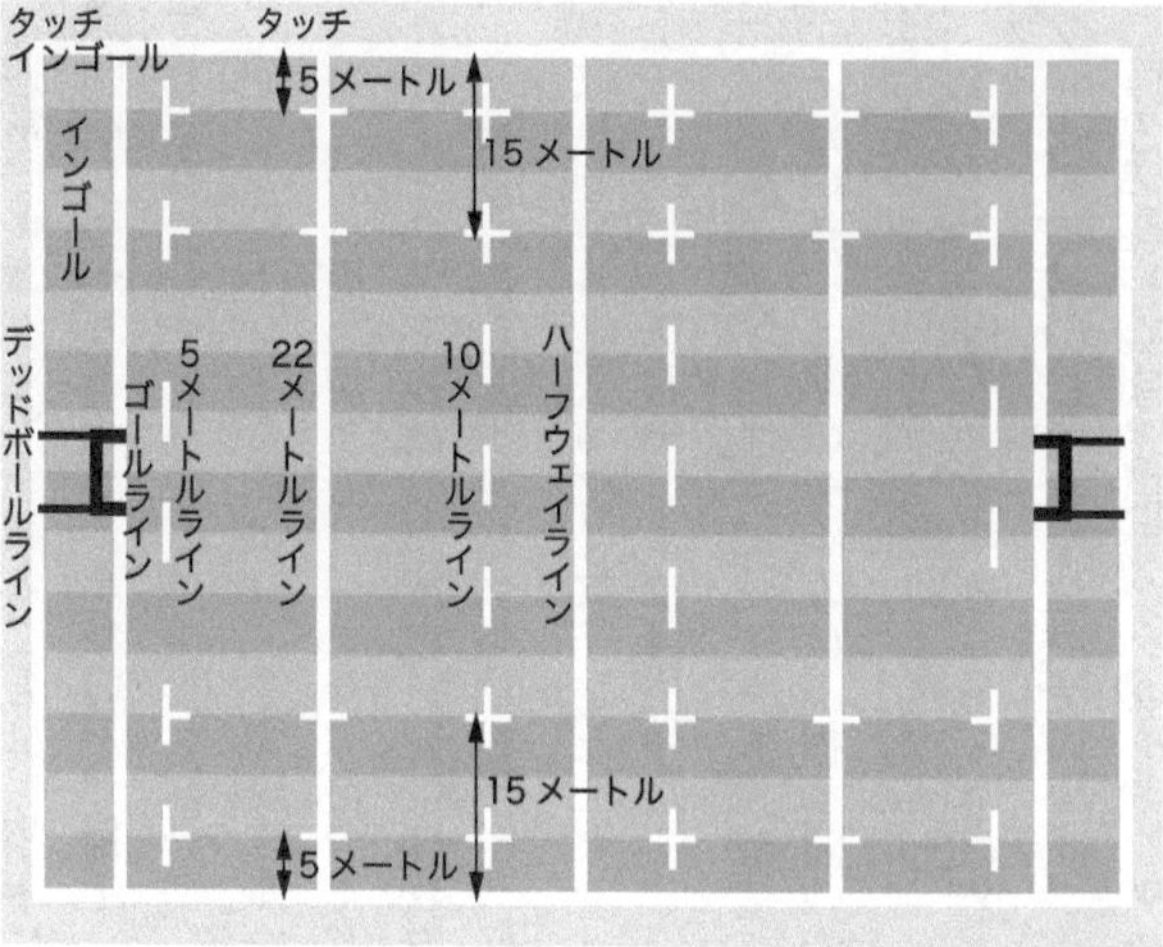

ラグビーのグラウンド

このように、ウォーミングアップを見て何か違和感を感じたら、それがどこから来るのかを考えてみるのも、ラグビーを楽しむ大切な方法だ。

それが、試合の流れを予測することにつながるからだ。

●キックオフって、そんなに大事？

試合はキックオフで始まる。

キックオフを蹴るかどうかはコイントス*で決める。自分が東芝でプレーしていた時は、風上を選んで、前半で勝負を仕掛けた。逆に日本代表の時は風下を選んで後半勝負という時もあった。

通常、キックオフを蹴ることは、相手にボールを渡すことになるので再獲得する方法や意図をしっかり考えておかないと、相手にアタックチャンスを与えるだけの結果に終わってしまう。

逆にレシーブする側には、まずボールを確保して自分たちが準備したアタックにつなげたいという思いがある。つまり、自分たちがやりたいプレーを最初に行う機会であるから、キックオフとその後の一連のプレーは双方のチームにとって大切なプレーなのである。

一般的に考えれば、キックオフはピッチの中央から相手陣に向かってボールを蹴り込むので、地域を獲得する上でも、どこにボールを落として攻めるかというプランを遂行する上でも、蹴り込むチームに優位性がある。たとえば、意表をついてゴロのキックを蹴り、ボールの再獲得を狙うことだって可能なのがキックオフである。

とはいえ、多くのチームは、相手陣の22メートルライン（左図）付近にボールが落ちるようキックオフを蹴る。

これには、相手に捕らせてからいいタックルをして圧力をかけ、ボールを蹴らせて次のプレーを地域的に有利な位置でのマイボールラインアウトにしようという意図が込められている。もしくは、相手がタッチキック*ではなく、インフィールド*にボールを蹴り返して

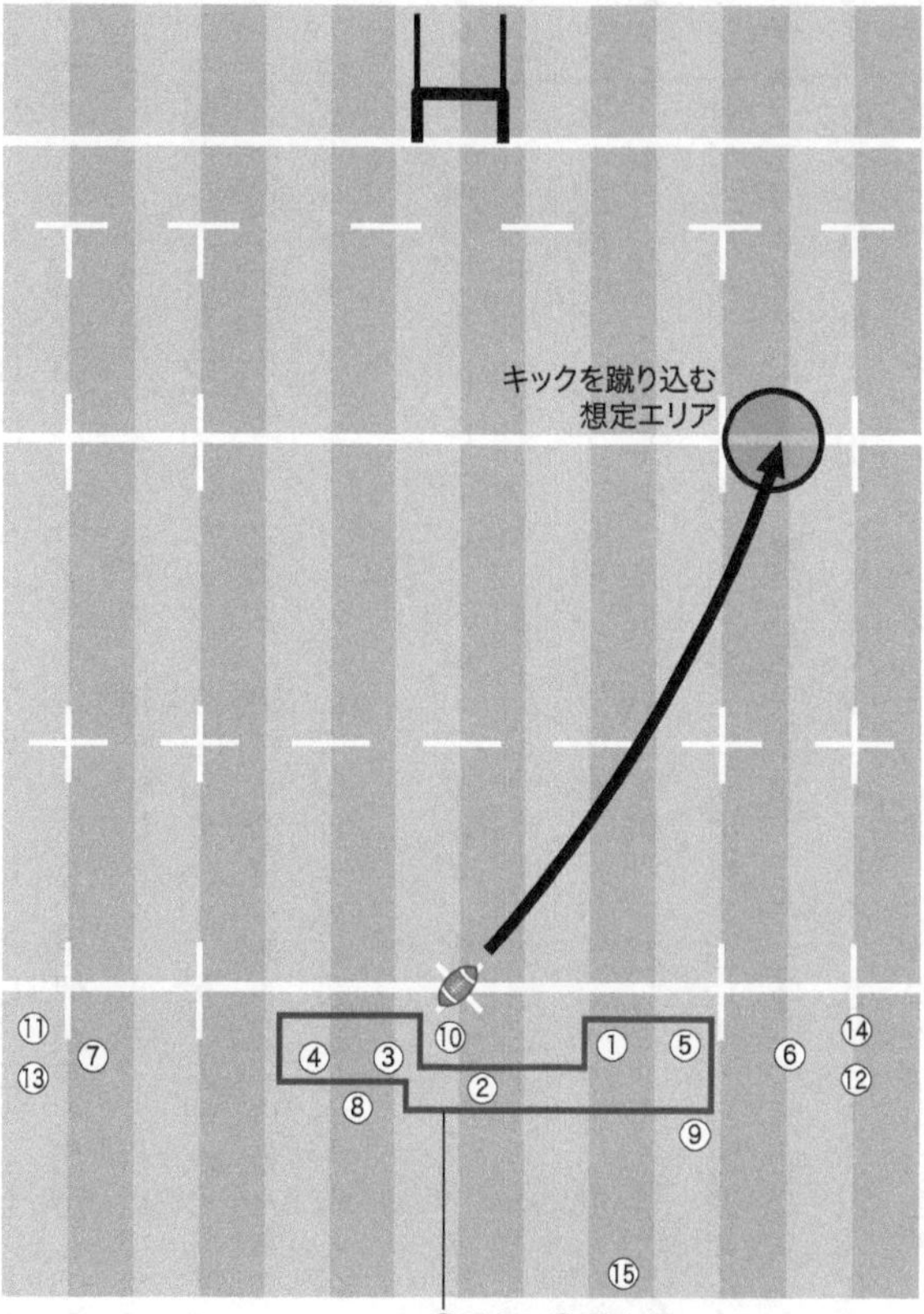

キックオフのオプション

きたときには、それを確保してカウンターアタック*につなげることも想定している。

キックオフを蹴り込む側は、次のプレーがどうなるかを何通りも想定して準備を重ねている。たとえば、キックオフ後の攻防で、相手陣10メートルライン付近でマイボールラインアウトを獲得した場合はこういうアタックをしようと、ゲーム前から決めている。そこでサプライズを起こすようなアタックを仕掛ける場合もあるが、自分たちの一番強いオプションを使う場合が多い。つまり、その試合にかける意思表示の場となるのだ。


キックオフの瞬間に注目して欲しいのが、ウイング（ＷＴＢ）のタックルだ。

深い位置にキックオフを蹴る場合、ほとんどのチームが想定される落下地点の正面に足の速いＷＴＢを配置して、ボールを捕った選手を目がけてタックルさせる。このタックルが決まると、チームが大いに盛り上がる。ＷＴＢのタックルは、試合開始や後半開始のキックオフだけではなく、相手にトライを獲《と》られて流れが悪いようなときにも大きな意味を持つ。実際、このタックルでチームが息を吹き返すことも多い、大切なプレーなのである。

逆にタックルを外されて、相手に大きくラインブレイク*されると、自陣に戻されて嫌な流れが続くことになる。キックオフを受ける側には、こうなれば得点を続けて奪う大きなチャンスになる。だからこそ、キックオフの攻防は、試合のなかでそれほど回数が多いプレーではないけれども、重要なプレーなのである。

レシーブ側でしんどい展開になるのは、キックオフでボールを確保したチームが、次のプレーでノックオンのようなイージーなミスをして、いきなり自陣深くで相手ボールのスクラムを与えてしまうことだ。

特に、得点直後のリスタートの場合、得点したチームがキックオフをレシーブすることになるので、そこでミスをすると失点したばかりの相手にチャンスを与えることになり、せっかくの得点が台無しになってしまうことになりかねない。

逆に、キックオフを蹴り込んだチームにとっては、願ってもない展開になる。

ときどきキックオフを受けたチームが、ボールをバックスに展開して自陣から攻めることもある。これもラグビーの見所の一つだが、このプレーには次のような意図がある。

キックオフを蹴り込んだチームは、捕った相手に対して、たいていは２人がタックルに行く。相手がボールを蹴り返してくることを想定して、バックスも３～４人が後ろに下がっている。これだけで、キックオフを蹴り込んだ側の防御は５人から６人減っていることになる。しかも、狭いサイドの防御も考えてそちらに2人程度を配置すると、広いスペースがあるオープンサイドには、7人くらいしかディフェンダーがいないことになる。つまり、レシーブ側がアタックを仕掛ければ、人数が余りやすい状況が生まれているのだ。相手にサプライズを仕掛ける効果もある。

こういうプレーを選択してラインブレイクすると、チームは盛り上がるし、見ている人たちも「お、今日は攻撃的だな!」と、大いに沸く。

それから、キックオフを蹴るチームが右側に選手を並べているのに、キッカーがいきなり左側を向いて蹴るような場合もある。ゴロでキックオフを蹴る場合にも共通して言えることだが、これには、レシーブする側の準備を崩したいという意図がある。

キックオフを蹴り込むときに嫌なのは、どこに蹴るかを相手が予測して、万全の準備を整えて待ち構えていることだ。そういうときに、逆側にボールを蹴ったり、ゴロで転がしたりすれば、相手の備えが狂うことになる。特に、相手に強力なランナーがいて、キックオフ・リターン*からその選手を使おうと準備しているような場合には、逆の方向に蹴ることで、強力なランナーにボールを渡さない意図もある。

試合のなかで何かを変えたいと思っているチームは、失点した直後のリスタートのキックオフを10メートルラインすれすれの浅い位置に蹴り、味方にキャッチさせるようなオプションを使うことがある。

現在のラグビーでは、フォワード（FW）のタイトファイブ（1番から5番までの選手）が15メートルラインの内側のスペースを守るようになっているので、キックオフをチェイスする際にも、そういう陣形を想定して並ぶことが多い。その外側に、足の速いバックスや第3列の選手が並ぶのだ（33頁図）。

レシーブ側は、相手がどういう選手をチェイス役に配置しているかを見ながら、並び方を決める。基本的な考え方は、相手チームのジャンピングキャッチが得意な選手に対してはこちらもジャンピングキャッチの得意な選手を置き、フィールドの中央に浅くボールを蹴ってくることが想定されれば、そこに強いセンター（CTB）を配置する。

しかも、ただ相手が蹴るのを待つのではなく、たとえばリーチ マイケルのような選手は、ちょこちょこと立つ位置を変えて、相手がどこに蹴っても対応できるように準備する場合もある。スクラムハーフ（SH）にも、ピッチの中央に立って、どちらに蹴られてもすぐに動けるよう準備している選手が多い。

キックオフを蹴る側も、受ける側も、どちらもボールを確保したらどうするか――あるいは、相手に確保されたらどう対応するか——を、数手先まで読んで準備をする。今のラグビーでは、レシーブした側が、いきなりタッチキックを蹴ることがそれほど多くないので、だいたい3フェイズ（ラックから3回アタックする）以内の攻防を想定している。

多くの場合では、自分たち側のセットアップを整えてから蹴る。チェイスラインを揃えるためである。少しボールを動かした場合でも、いくつもフェイズを重ねたあとで手詰まりになって蹴るよりも、ボールを動かしている状況で蹴った方が有利な展開に持ち込めるので、少しぐらい前進していたとしても3フェイズくらいで蹴ることが多い。キックを使う際に、攻め手がなくなって「蹴らされた」状況になるのが嫌だから、自分たちでコントロールできる段階で、意図的にキックを蹴ろうというのだ。

キックオフから双方のチームがキックを蹴り合う場面もよく見かけるが、こうした「キッキングゲーム（蹴り合い）」の勝敗——どのエリアで次のプレーが始められるか——も、どこまで意図したキックを蹴ることができるかにかかっている。

もっと単純に言えば、キックオフを蹴り込んだチームが、レシーブ側のチームに非常にいいプレッシャーをかけて相手にタッチキックを蹴らせ、相手陣10メートルラインくらいの位置でマイボールのラインアウトを獲得できれば、蹴り込んだチームのプランが成功したことになる。逆にレシーブ側に上手く対処されて、キックオフを蹴った方の自陣の10メートルライン付近でのラインアウトになってしまえば、それはレシーブ側が勝ったことになる。

つまり、キックオフからの蹴り合いのあとで、どこの地域からどちらのボールのセットプレーでゲームが再開されるかで、キッキングゲームの勝敗がわかるのだ。

もちろん、キックを蹴る前のアタックで大きなゲイン*があった場合は、状況に応じてオプションを変えて行く。その際に、ピッチにいる15人が「同じ絵」を見ていれば、アタックはより有効で強力なものになる。

一見すると無造作にボールを蹴っているだけのように見えるキックオフの攻防には、これだけの意図や戦略が秘められている。

そういう攻防を味わうのが、キックオフの醍醐味《だいごみ》なのである。

点を取った、取られた直後だけにより一層大事になってくる。

●接点って、なに？

ボールを持って相手に当たったり、相手にタックルした地点を「接点」と言う。

今は「コリジョン（衝突）エリア」などとも言われているが、要は相手と接触（コンタクト）したところの攻防が、「接点での攻防」となるわけだ。

ここで大切なのは、ボールを持った選手（ボールキャリア）が前に出るのか、タックルしたディフェンス側の選手が前に出るのか、ということ。どちらが前に出るかで、それぞれのチームのサポートの選手の接点への入り方が変わってくるからだ。

たとえば、アタック側の選手が接点で前に出れば、そのチームの選手はスピードを緩めることなく、そのままボールキャリアをサポートできる。サポートする選手は、ボールを持った選手が接点で前に出ることを前提に走っているからだ。

ところが、ここでディフェンス側に前に出られると、もう一度ボールキャリアの後方まで戻らなければならない。これは、ラグビーのルールが、「ボールより前にいる選手はプレーすることができない」と定めているからで、ディフェンス側のタックルで後ろに下げられた選手を、そのままのスピードでサポートすれば、多くの場合、横から接点に入ることになり、その時点でオフサイド（オフ・ザ・ゲート）となるのだ。

ディフェンス側から見ても、タックルした選手が相手を押し込んで後ろに下げることができれば、そのままの勢いでディフェンスラインに並ぶ選手たちも前に出て行ける。逆にタックルした選手が後ろに下げられると、全員がその選手の後方まで下がらないと、オフサイド（ライン・オフサイド）になってしまう。

ここで「オフサイド」という反則をものすごく簡単に説明すると、ラグビーではボールよりも後方にいる選手しかプレーに参加することが許されないから、ボールの位置を越えてしまった選手は、また後方に戻らなければならない。チーム全体はボールより後方に位置しているので、ボールよりも前に出た選手は、チーム（サイド＝side）から離れた状態（オフ＝off）にいるから「off side」なのである。

そういう原則を頭に入れて考えると、ボールキャリアが接点で前に出れば、その分、サポートの選手もスピードを落とさずに接点に駆けつけることができるし、その流れでラックができたときに、素早い球出しが可能になる。もっと言えば、ボールキャリアがタックルされたあとで、1秒踏ん張ってくれるだけでサポートの選手は適正な位置からラックに入れるし、タックルされた味方のプレーヤーを孤立させて相手にジャッカル*されるリスクを回避することにもつながる。

逆に、ボールキャリアがタックルした選手に下げられると、今度はディフェンス側の選手が、そのままのスピードを維持して相手のアタックに早くプレッシャーをかけることが可能になる。そうなると、攻撃側のサポートより早く接点に到達できて、相手のボールを奪ったり（ターンオーバー）、タックルされた選手のボールに働きかけて（ジャッカルして）、ノット・リリース・ザ・ボールの反則をとることができる。

そうした要素が、接点での攻防の「肝」なのである。

もう一つ大切なのが、ボールを持った選手の倒れ方だ。

練習通りに、味方にボールを見せるように倒れてくれればサポートの選手もボールがどこにあるかわかるので、次のプレーがスムースにできるが、防御側にボールを見せたり、仰向《あおむ》けに倒れてしまうと、ジャッカルされるリスクが高まる。そういう状況で強引にボールを確保しようとすると、オフ・ザ・ゲートや、相手側に倒れ込んでオーバー・ザ・トップ*の反則をとられることになる。

ボールを持った選手が、タックルされたときに、練習で想定しているように相手に背中を向けて味方にボールを見せて倒れられるかどうか——もっと簡単に言えば「踏ん張れる」かどうかも、接点の攻防の肝なのである。

この辺りの攻防が、見ているファンには少しわかりづらい部分なので、もっとわかりやすく説明しよう。

今、自分のチームの選手がボールを持って、タックルに来た相手の選手とコンタクトをした――とする。

そのとき、サポートする選手は、多くの場合「ああ、このコースを走ってタックルされれば自分の左側に倒れるだろう」と予測して走っている。ところが、相手のタックルが強力で、予測とは反対に右側に倒れてしまうと、今までのコースでは相手からボールを守ることができなくなるし、強引にコースを変えてサポートすると、オフ・ザ・ゲートなどの反則をとられることになりかねない。

さらに突っ込んで解説すれば、ボールを持った選手が、自分たちが攻めたい方向に倒れることも非常に大切で、たとえば左側に大きなスペースがあってそちらにアタックを仕掛けたい場合は、ボールキャリアが左側に倒れてくれると次のアタックがスムースに運ぶ。

これは、倒れた方向にいるディフェンス側の選手がジャッカルを仕掛けてくるからで、ジャッカルに来た相手をサポートの選手がオーバーしてはがすことができれば、防御側の選手が１人減ることになる。逆に反対側に倒れると、このジャッカルに来た選手はそのまま接点にかかわらず（つまり、ブレイクダウン*にコミットせずに）、次のディフェンスに備えることができる（左図）。

タックルされたときに倒れる方向がどちらになるかだけで、次の局面での攻防に有利・不利が生じてしまう可能性がある。だから、攻めたい方向に倒れることが大切なわけで、そうやって正しい方向に倒れてフェイズを重ねれば、自然にディフェンスの人数が減って、アタック側に有利な状況が生まれることになる（ディフェンスもこの可能性がわかっているのでそう簡単ではないが）。

コンタクトの強い選手というと、誰しも相手をはね飛ばすようなパワフルな選手をイメージするが、実は接点で味方に有利なように倒れられるかどうかも、コンタクトの強さを測る大事な指標なのだ。

もう一つ、試合のなかで左方向（外側）に攻めているチームが、逆の右方向（内側）にサポートしている選手にパスを返して突破を図るケースがある。僕たちは「内返し」と呼んでいるが、実際に見たことがある方も多いと思う。

内返しは、相手防御の意表をつくので、しばしば数メートルは前に進める場合が多い。ただ、このプレーも、タックルされたあとの倒れ方と同じで、コンタクトのあとにサポートがつきやすいかどうかを考えると、案外リスクが高いプレーでもある。つまり、ボール

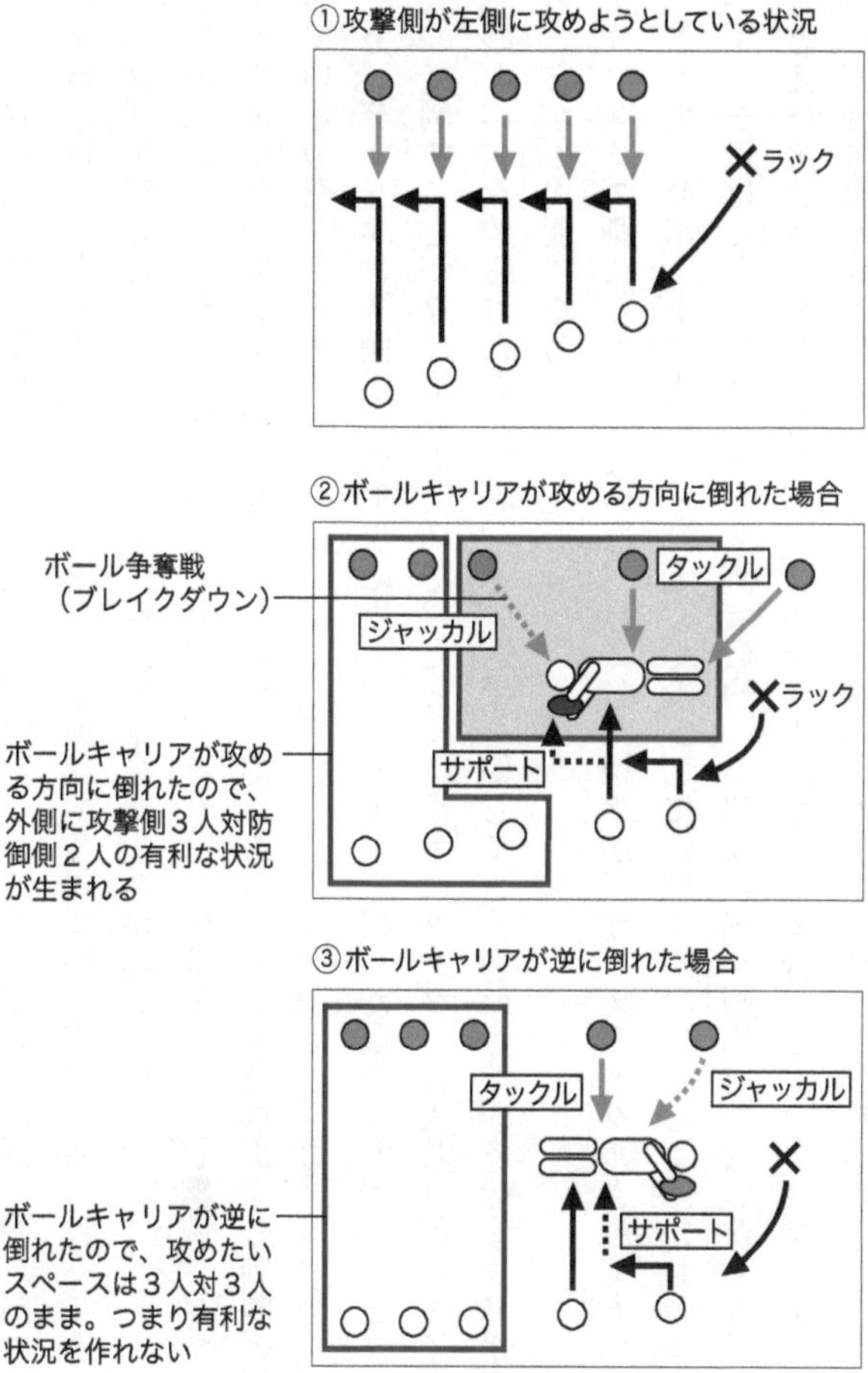
①攻撃側が左側に攻めようとしている状況
ラック
②ボールキャリアが攻める方向に倒れた場合
ボール争奪戦
（ブレイクダウン）
タックル
ジャッカル
ラック
サポート
ボールキャリアが攻める方向に倒れたので、外側に攻撃側３人対防御側２人の有利な状況が生まれる
③ボールキャリアが逆に倒れた場合
タックル
ジャッカル
サポート
ボールキャリアが逆に倒れたので、攻めたいスペースは３人対３人のまま。つまり有利な状況を作れない

タックルされて倒れる方向

が進む方向に走っているサポートの選手が、内返しで方向が変わった分、逆方向に戻るように走らなければならず、ボールキャリアが孤立する可能性が出てくるのだ。こうなると、接点で反則を犯したり、ボールを奪われるようなケースが起こり得る。

目先の数メートルを前に出られたとしても、そうなってはアタックが継続できず、結局はマイナスになってしまう。そうしたことも、選手たちがプレーを選択する判断の根拠になっているのだ。

一方、ディフェンス側からの視点に立てば、ボールを持った選手にしっかりとタックルに入って倒すことがなによりも大切で、たとえば相手にタックルに入る寸前のタイミングで絶妙なパスを放られたとしても、その選手を倒してさえいれば彼がそのままサポートに走ることが不可能になる。

ディフェンス側にとって嫌なのは、パスした相手が、たとえタックルされてもすぐに起き上がって、サポートに走ること。倒しても倒しても相手がゾンビのように起き上がってサポートを続けると、ディフェンス側は数的に不利な状況を脱出できないからだ。

たとえばアタック側が3人でディフェンス側が2人の場合、2人のディフェンダーがしっかりと目の前の選手を倒していれば、一番外側の選手にボールが渡ったとしても、その選手は孤立することになる。味方が戻ってこられた場合にはタックルできるし、アタック側のサポートが遅れれば、ボールを奪い返すことができる。

つまり、攻守どちらの場合でも、接点で重要なことは、一つのタックルで仕事が終わるのではなく、すぐに起き上がって次の接点へと走るゾンビのような執念なのである。

それが、プレーの継続性を生み出したり、相手の流れを止めたりする。

現在のラグビーでは、ＦＷがディフェンスラインに並ぶので、小柄なバックスの選手が大きなＦＷにコンタクトすることも多い。たとえば、以前コベルコ神戸《こうべ》スティーラーズにいたアンドリース・ベッカー（身長２０７センチ）のような選手にバックスの選手がコンタクトをすると、そのままボールごと身体を抱え込まれて地面に倒れることができず（つまりラックにできず）に、モール状態でのパイルアップ*となって、相手ボールのスクラムでゲーム再開となる。この場合は抱え込まれた時点でアタックが終わってしまうのだ。

だからこそ、バックスの選手にも、自分よりはるかに大柄な選手とコンタクトしても身体をコントロールしながら意図したように倒れられる強さが必要だ。体幹の強さと言い換えてもいいだろう。そして、ボールを持った選手には、巨漢のＦＷにタックルに入るような姿勢の「低さ」が求められる。低く鋭くコンタクトすれば、大きな選手は身体を折り曲げてタックルせざるを得ないから、それだけ自分の身体をコントロールする余裕が生まれる。

つまり、タックルされた選手がどう倒れるかは、接点の攻防における非常に重要な要素なのである。

同時に、誰がどういう体勢で相手に当たり、どういう形でタックルを受けるかは、普段の練習から想定していることも付け加えておこう。

たとえば、相手のＦＷが３人並んでいる場合は、あえて、２人の間のスペースにスピードを持って走り込んで、２人にタックルさせるようなこともある。もちろん、ディフェンスが堅い状況では、誰にボールを持たせるかも、練習で想定する。

僕がボールを持っていて、目の前に相手の大きなＦＷが待ち構えているような状況では、僕が目の前の相手を半分かわして、自分の外にいるディフェンスの選手を迷わせる。そこで味方にパスをすれば優位な状況で、次に繋《つな》がるアタックができる。

そうした準備を重ねているからこそ、状況が常に動いている試合の最中でも、意図したプレーを繰り出すことができる。接点での攻防の背景には、そのような入念な準備と緻密《ちみつ》なプランが、存在しているのである。

●セットプレーのときにどこを見ると面白いのか？

セットプレーとは、反則や得点などでゲームが中断したあとに、ゲームを再開するために行われるプレーの総称だ。

これまでに説明したキックオフも、もちろんセットプレーのなかに含まれるが、その他に、スクラムやラインアウト、22メートルラインやゴールラインから始まるドロップアウトがある。

セットプレーの基本的な特徴は、両チームが静止した状態で行われるところにある。なかでもスクラムは、ボールを投入する側のチームは、ボールさえ確保できればバックスが準備したプレーを仕掛けることができるので、アタックの重要な起点となる。

同様に、防御側のチームも、相手の陣形を見ながらどんなアタックを仕掛けてくるのかを予測して、ディフェンスのためのポジショニングをする。

今、スクラムの攻防を、相手陣10メートルライン付近中央の位置で考えてみよう。

このとき、あなたのひいきチームが相手陣に攻め込んでいてボールを投入する場合は、バックスが両方のサイドを攻めることが可能だ。位置が10メートルライン付近なので、ゴールラインまでは40メートルしかなく、キックを蹴っても大きく地域をゲインすることはない。また再獲得を狙う選択肢はあるが、そこまで優先順位は高くない。だから、どちらかのサイドにアタックを仕掛けることになる。

その前に、相手チームとのスクラムの力関係、つまり、どちらがスクラムを優位に組んでいるかも、大切な要素になる。スクラムにボールを投入した瞬間に相手に押し込まれて、反則をとられたり、ボールを奪われたりすれば、バックスがどんなにいいアタックを準備していてもそれを使うことは不可能だ。だから、まずマイボールを確保できるかが最初の注目ポイントになる。

このときに注目したいのが、アタックするときに、スクラムからボールがコントロールされてSHが放りやすいような形で出てくるかどうか、だ。

試合を通してスクラムを押し込むような場面がなかったとしても、アタックのときにコントロールされたボールが出ていれば、スクラムは「安定」して「五分以上に」組めていることになる。こういう場合、バックスはアタックのタイミングを合わせやすいので、いいアタックができる。

反対に、プレッシャーをかけられて、ＳＨがあわててさばいたり、ナンバーエイト（ＮＯ８）が苦しまぎれに持ち出すような場合は、スクラムをコントロールできていないことになる。つまり、劣勢で、これはアタックを仕掛けるのが難しい。あるいは、ボールが出たあとまで相手に押し込まれるようだと、その分、ＦＷのサポートが遅くなることを、バックスは覚悟しなければならない。

スクラムのときには、バックス同士は、お互いのＮＯ８の足の位置から5メートル離れて立つことがルールで決まっている。しかし、スクラムに参加しているＦＷの両ＦＬとＮＯ８は、それよりも前の位置からスタートできるので、そこにもスクラムの優劣は影響を与えている。

たとえばディフェンス側のスクラムがグイッと相手を押し込めば、そのチームのＦＬはそのままの勢いでアタック側の10番や12番にプレッシャーをかけられる。反対に、アタック側の第3列は、スクラムを押し返してボールを確保することに集中しているから、その分、次のプレーへのスタートが遅くなる。こうした「最初の一歩」の差が、その後の接点での攻防に大きな影響を与えることになる。

だから、スクラムの優劣はスクラムだけではなく、スクラム後のプレー全般にも影響を及ぼすのだ。

僕自身の経験で言えば、日本代表に選ばれてから、スクラムの重要性を痛感するようになった。特に、ヨーロッパのルーマニアやジョージア（当時はグルジアと呼称）に遠征したときには（２０１２年秋）、彼らのスクラムがメチャクチャ強かったのを覚えている。どちらの国もラグビーがそれほど上手いとは思わなかったが、「スクラムで勝利をたぐり寄せよう」という気魄《きはく》が感じられて衝撃的だった。

観客も、スクラムで日本から反則をとると、まるでトライを獲ったような大歓声が沸き、そのボールをタッチに蹴り出してラインアウトからモールを組むと、またものすごい歓声が上がる。日本でのテストマッチとは、まったく空気が違うのだ。

試合を終えて、「スクラムってこんなに大事なんだ」とロッカーで実感したことを覚えている。

だから、僕がスクラムを8人で集中して組むことの重要性により深く注目したのは、ここ十年ぐらいのことだが、今はほんの少し押し込むのか押し込まれるのかどうかで、次のプレーへの影響がでてくることをしっかりと理解できた。加えて、ＦＷのメンタル面にも影響がある。スクラムを押していると勢いがでてくるのも面白い。

スクラムが五分に組めてボールを獲得できる公算が高い場合は、バックスの配置に注目して欲しい。

そのときどういうプレーを選択するかの根拠となるのが、相手がどういうディフェンスを考えているか。自分たちのチームの強みがどこにあるか。真ん中のスクラムならば、その強みや個性によって、左右両サイドに均等にバックスを配するのか、あるいはどちらかの人数を多くするのかを決め、さらにはそのうちのどちらを攻めるかを考える。もちろん、そのときのスコアや残り時間も判断を下す際の重要な根拠になる。

もう一つ、アタック側が注目しているのが、ディフェンス側の9番（SH）が立つ位置だ。相手の9番がスクラムの近くに張り付いてディフェンスするタイプなのか、スクラムから離れて後方に下がるタイプなのかで、攻め方が変わってくる。

最近のゲームでは、こういう場合に、一度右側を攻めてから左側にパスを送ってアタックするケースが見られる。たとえば、右側にNO8が持ち出して9番にパスする「8→9」のプレーを見せて、9番とバックスがクロスしてその選手を起点に左側にアタックの方向を変えるようなケースだ。

これも相手の9番を、自分たちが最終的に攻めたい方向から逆に動かすための工夫だと考えられる場合が多い。

ただ、こうした工夫を凝らしてアタックを仕掛けようと考えていても、スクラムでプレッシャーを受けて球出しのタイミングがほんの少し遅れるだけで、その後のプレー選択の幅は一気に狭まる。つまり、スクラムの優劣でその後のアタックの成否が決まるほど、このセットプレーは重要なのである。


ラインアウトも、両チームのバックスの間に20メートルのスペースがあるので、アタック側から見れば攻めやすいセットプレーだ。特に、ハーフウェイラインを挟んで双方の10メートルラインの間といった地域のラインアウトは、バックスを中心に準備してきたアタックを仕掛けるのに適したセットプレーだと言える。

これが、相手ゴールラインまであと5メートルといった地点のラインアウトならば、ほとんどのチームがモールを組んでトライを狙うことになる。こちらはFWの見せ場だ。

バックス、特にスタンドオフ（SO）などのゲームを組み立てるプレーヤーも、まずFWのモールを優先して考えるだろう。

ただ、時間と点差によっては、このゴール前のマイボールラインアウトからどう攻めるかが、ものすごく悩ましい問題として浮上することがある。

モールを押し込んだところで相手のペナルティ→ふたたびラインアウトからのモール→またペナルティでラインアウトからのモール……と、同じ地域で延々とモールの攻防が続く場面は多くの試合で見られるが、残り時間が少ないときに、あまりモールにこだわり過ぎると、たとえトライを獲ってコンバージョンが決まってもそこで残り時間が尽きて１点差に泣く——といった事態が往々にして起こりかねない。

これはチームによっても考え方が違うところで、歴史的にラインアウトからのモールにこだわっているチームならば、バックスはもうＦＷに託すしかない気持ちになる。さすがにＦＷが22メートルラインを少し入った地点から20メートル近い距離をモールで押し込もうとするならバックスはそれでいいのか悩むことになるが、ゴールラインまで５メートルなら、バックスも、まずは「強みのＦＷで勝負しよう」となる。

もちろん、相手がペナルティを犯して、まだ５分近い時間が残っていれば、ペナルティゴール（ＰＧ）を決めて８点差を５点差に縮め、相手がリスタートで蹴り込んだキックオフから逆転を狙ってアタックを仕掛けられるから問題はない。とはいえ、ここでも、モールを押し込んでペナルティをとったFWは「よし、もう一度ラインアウトにして今度こそトライを獲ろう!」と考える。

この決断が難しい。

実際、ピッチの上で、FWリーダーと9番10番のハーフ団が話し合うこともある。それぞれに考えがあるからだ。

最終的に決断するのはキャプテン。十分に押し込んでいて行けそうな手応《てごた》えがあればモールを選択するだろうし、手応えがなければショットを選択してPGを狙う。ペナルティを獲得した位置も重要で、タッチライン際ならばショットではなくもう一度ラインアウトを選択する確率が高くなるし、ゴールポスト正面であれば3点が確実に見込めるからショットを選択する可能性が高くなる。

観客のみなさんは、ゴール前のラインアウトでジャンパーがしっかりとボールをキャッチして、着地した瞬間に周りのFWが寄ってギュッとコンパクトに固まったモールが組めると期待に満ちた歓声を上げるが、それは僕たちバックスにとっても同じだ。

ボールをキャッチした選手以外が小さく固まって全員前を向いていれば、「これは押せるのでは」と期待する。このとき大切なのが、ジャンパーを持ち上げているリフターの選手の動きだ。

リフターは相手がボールに手を伸ばしてこられないようにくさびを打つような役割だが、ジャンパーよりも前に出て相手を妨害すればオブストラクション*の反則をとられてしまう。それでも着地した瞬間に前に出たいのが選手の心理。スタンドからは見えにくいが、これもラインアウトからのモールを巡る攻防の味わいどころだ。

こういう試合終盤の点差を考えなければならない状況以外では、一般的にゴール前５メートルでのラインアウトは、モールでトライを狙うチームが多い。

これは、相手防御のオフサイドラインがゴールラインとなるために、アタック側のバックスから見ると、ディフェンスが通常のラインアウトより５メートルも前にいることになるからだ。おまけに、インゴールが狭いからキックを使うのも難しい。バックスにとってのゴール前ラインアウトは、通常のラインアウトよりも攻めにくいのだ。

だから、必然的に「モールでトライを獲りに行こう」「もしトライを獲れなくてもディフェンスをモールに入らせてスペースを作ろう」となる。

もう一つ、ラインアウトをどこでキャッチするかも大切なポイントだ。

ラインアウト前方のジャンパーに合わせると、ボールを確保する確率は高くなるが、着地してモールを組むとディフェンス側は一斉にタッチライン方向に押し込んでくる。しかも、ラインアウト後方に控えている相手FWの選手は、モールの動向に注意を払いながら、こちらのバックスの仕掛けにも備えている。これでは、アタック側のバックスは仕掛けるのが難しくなる。

バックスにとっては、ラインアウトの真ん中から後方でモールを作り、相手FWの主力選手をモールに巻き込んだ上でボールを供給してくれるパターンが、ありがたいのだ。FWにとっても、モールをどちらの方向にも押せるから真ん中や後方でモールを組むことが、ほとんどのチームにとってのファースト・チョイスとなる。

ただ、これにはノットストレートなどのリスクがつきまとう。

特に風の強い日や、ジャンパーとスロワーの呼吸がいまいち合っていないような場合は注意が必要で、「さあ、トライを獲りに行くぞ！」と意気込んだところで相手ボールのスクラムでゲーム再開――といった事態になりかねない。

また、相手のジャンパーがボールを奪おうと競ってくることもある。あるいは、複雑な動きをやろうとして選手たちが動き回ったあげくに、ジャンパーとスロワーのタイミングが狂うこともある。あまりにも複雑な動きは、案外獲得率が下がる場合が多いのだ。

ラインアウトに並んだFWを越えて、後方から走り込んだ選手に直接長いボールを放る「ロングスロー」と呼ばれるプレーもある。

これはそれほど多く使われるオプションではないが、相手の意表をつくサプライズ的な要素がある。また、ラインアウトの最後尾にいる相手FWの反応が遅れると、防御側のバックスとFWの間に走り込むスペースができやすい。タッチラインから長いボールを投げ、タテに強いCTBが直接捕ったところに、ラインアウトの陰からWTBが走り込むようなオプションを使って、このギャップを攻めるようなイメージだ。

つまり、CTBに直接ボールを渡して突っ込ませるよりも、そこに防御の目を引きつけて左右にスペースを作り出すのに、効果的なオプションなのである。

ただ、ロングスローが成功するためには、10メートル後方からトップスピードで走り込んでくる選手に、正確にボールを投げる高いスローイング技術が必要で、風でボールが曲がればノットストレートをとられるし、ノックオンのようなハンドリングエラー*も起こりやすい。だから、ラインアウトを確実に獲得できているなら、このオプションの優先順位はそれほど高くない。

例外は、自陣ゴール前5メートルというピンチのラインアウトのときだ。

ゴール前5メートルの地点では、防御側のオフサイドラインはゴールラインになるから、5メートル走るだけで投入されたボールを確保できるのだ。

これに対して、アタック側の選手は、通常のラインアウトと同じように10メートル下がらなければならないから、当然到達するのが遅くなる。

ゴール前で防御側のチームが、ロングスローを使うのには、そんな理由があるのだ。

●ゴールラインドロップアウトは「我慢の時間」を告げる合図

23年のW杯フランス大会を前に、21年に大きなルール変更が行われ、19年のW杯日本大会当時にはなかったルールが、今はゲームに導入されている。

代表的なものに、自陣から蹴ったボールが、ダイレクトタッチにならずに相手陣の22メートルラインを越えてタッチを割った場合に、次のラインアウトのボール投入権が蹴った側のチームとなる50：22（フィフティ・トゥエンティトゥ）ルールがある（ただし、一度相手陣に入ってから自陣に戻したボールを蹴った場合は、通常通り相手ボールのラインアウトとなる)。

もう一つ、ゴールラインドロップアウトというのも、21年から導入された新しいルールだ。

それまでは、攻撃側がインゴールに攻め込みながらボールを落とした場合（インゴールノックオン）や、攻撃側の選手がインゴールにボールを持ち込んだものの、レフェリーによってグラウンディング（ボールを地面につけること）が認められなかった場合（ヘルドアップまたはヘルド）は、ゴール前5メートルの位置でのスクラムでゲームが再開されたが、今はこれがゴールラインドロップアウトとなって、防御側がゴールライン上から蹴るドロップキック（一度地面にバウンドさせたボールを蹴る）で、ゲームが再開する。

あるいは攻撃側がインゴールに蹴り込んだボールを、防御側が地面に押さえた場合も、以前は22メートルライン上のドロップアウト*からゲームが再開されたが、これもゴールラインドロップアウトで再開されるようになった。

僕自身は、どちらのルールも経験していないが、50：22は攻撃側にとって有利なルールで、バックスの選手にとっては、自分のキックのスキルをアピールする絶好の機会でもある。

ゴールラインドロップアウトも、たとえば50メートルくらい飛ぶような長いドロップキックを蹴ったとしても、ハーフウェイラインに届くかどうか。つまり、蹴ったボールを再獲得しない限り、防御側の次のプレーは、自陣での防御となるので、厳しい状況は続く。

また、ゴールラインの中央にはゴールポストが立っているので、ゴールライン上のどの位置からボールを蹴るか、悩ましいかもと考えてしまう。スタンドから見ていると、キックがゴールポストに当たってしまうのでは、と心配になるファンもいるようだ。でもプレーしている選手たちは、意外と気にならない。

この場合も、キックオフと同様に、どこに蹴るかは重要な問題で、再獲得を狙って短いボールを蹴ったものの、獲得できずに相手に確保されれば、ゴールラインが近いだけに一気にピンチを招く。かといって、長いキックを蹴ると、カウンターアタックが得意なチームは特に味方のプレッシャーが追いつかず、相手にカウンターアタックを仕掛ける機会を与えることにもなりかねない。

後は、22メートルラインを越えた辺りに、滞空時間の長い――つまり、それだけ味方が追いつく可能性が高い――キックを蹴って競る（コンテストする）ケースもある。

いずれにせよ、防御側はキックをキャッチした相手を前に出さないことが重要になる。キャッチした地点で相手を倒せば、防御側は、そのまま次のディフェンスをセットアップすることができるからだ。これが理想的な対応だ。基本的には、キックを捕った選手を起点に始まる相手のアタックをどこかで止めてラックを作り、そこからチームのストラクチャー*（基本的な方針）に従ってディフェンスをして、ターンオーバーでボールを奪うことを目指す。

ゴールラインドロップアウトの場合、キック後にタックルが起こってブレイクダウンができるのは、だいたい防御側の陣地になるから、攻撃側は、キックを使うよりもボールをキープして攻めようとする。

防御側は、一気にトライまでもっていかれるのを阻止するのはもちろんだが、反則を犯せばPGで3点失うことも覚悟しなければならない。だから、ペナルティに対しても、十分に注意しなければならない。ボールを奪い返すチャンスが訪れるまで、我慢強く陣形を崩さずに守ることが求められるのだ。

つまり、ゴールラインドロップアウトとは、防御側にとって「これから我慢の時間帯が始まるぞ」という合図みたいなものだと言える。

そもそもゴールラインドロップアウトに追い込まれたのも、相手に攻められた結果なのだから、そういう時間帯は、ひたすら我慢して防御に徹し、相手がペナルティを犯したり、ボールを奪い返せそうな局面が訪れるまで粘り強く守り続けることが大切だ。そうやってボールを奪い返し、相手陣に攻め込むことができて初めて、ピンチを脱したと言えるのだ。

●PGのチェイス

そうした状況で、防御側が我慢できずにペナルティを犯した場合、状況にもよるが、攻撃側はPGを狙うことを選択することがある。

PGが成功すれば3点入るからだ。

このとき、よく両チームの選手から「跳ね返り!」「ポスト!」という声が上がるのを聞いた方も多いだろう。実際、PGを狙って蹴られたボールがゴールポストに当たってフィールド内に跳ね返り、そのままインプレーとなることは、ときどき起こる。

跳ね返ったボールを攻撃側が手にすればゴールラインは目の前。絶好のトライチャンスになる。防御側も、それは十分にわかっているから、跳ね返りを確保してピンチ脱出につなげようとする。

このとき、呆然《ぼうぜん》とボールの行方を見るだけで跳ね返ることを予測していないと、跳ね返ったときの事態に対応できなくなる。どちらの選手たちも、跳ね返りを予期していなくて、思わず「あ！」とあわてる場面は、案外よく見られるものだ。

しかし、隙がないチームは、たとえばゴールポストの真ん真ん中をボールが通過して３点入るようなきれいなキックに対しても、ＷＴＢがしっかりとチェイスしていたりする。万一の跳ね返りを予測して、備えているのだ。これが、「隙がない」所以《ゆえん》である。

●試合を６分割して見ると、ゲームの流れが読める

ラグビーは、以上のようなことを繰り返しながら80分間、二つのチームが戦うゲームだ。だから、試合開始のキックオフから、時間の経過に従って刻々と変わる状況に一喜一憂しながらゲームを見るのが一般的な観戦法だが、ただ漫然とゲームを見るのではなく、試合の時間を、前半後半ともに三つに分けて——つまり試合全体を６分割して——見ると、もっと深く試合の流れがわかるようになる。以下に、僕の見方をご紹介しよう。

まず前半最初の３分の１は、両チームのその日の戦い方やコンディションを知るための

時間帯だ。

3分割といっても前半後半ともに40分なので厳密には3で割り切れないが、おおまかに最初の10分間、真ん中の20分間、最後の10分間と分けて、考えてもらえばいい。そして、最初の10分を「試合の入り」と呼ぶ。みなさんも、「あのチームは試合の入りが良くない」とか、「今日は試合の入りが悪かった」というフレーズを聞いたことがあると思う。

でも、試合に臨むチームは、どのチームもすべてきちんと勝つための準備をしてピッチに現れる。だから、本来なら「入りが悪い」という事態は起こらないはず。それなのに、なぜこういう現象が起こるのだろうか——。

まず考えられるのが、エンジンが「かかり過ぎ」、というか気持ちが昂《たか》ぶり過ぎて、プレーが上手くいかないというケースだ。

たとえば、ラックで相手のボールを奪おうと意気込み過ぎて倒れ込んだり、タックルのときに相手に強く当たろうとしてバインド*をせずに当たるなど、少し冷静になれば防げるようなペナルティを犯してしまうことが、こういう「かかり過ぎた」チームにはよく起こる。

僕自身の経験では、学生時代に早稲田大学と対戦するときに、こういう「かかり過ぎた」状態を経験した。当時の早稲田は強くて前評判も高かったし、会場の秩父宮《ちちぶのみや》ラグビー場も満員になるので、どうしても気持ちが入り過ぎてしまったのだ。

これでは、入りが悪くなるのも無理はない。

また、相手が自分たちより少し格下で「今日は勝つに違いない」「普通に戦えば勝てる」と思っていたりすることも、入りが悪くなる要因の一つだ。特に、試合前から勝てると思い込んでいるときは、油断が生まれる。

そういうメンタルな要因が試合の入りに影響するケースは案外多く、試合の最初の３分の１は、両チームがどんなメンタルで試合に臨んでいるかを理解するのにぴったりの時間帯でもある。


そうした入りの問題を別にすれば、最初の３分の１では、どちらのチームがブレイクダウンで優勢なのか。あるいは、それぞれのチームが相手に対してどういう準備をしてきたのかが見えてくる。もちろん、どちらが先に得点するかで優劣も少し見えてくる。

ゲームリーダーは、この時点で、ブレイクダウンやスクラムの優劣、自分たちの精神状態や、ゲームプランが有効に通用するかどうか、相手の意気込みや覚悟、戦い方が想定した通りなのかといったことを把握するように努める。そして、次の３分の１に向けて、メンバーにその感触を伝える。これもリーダーの大切な仕事で、トライを獲ったり獲られたりしたときや、負傷者が出てゲームが中断した時間などを使って、メッセージを伝えることになる。

そのときに、具体的な言葉をかけられるのが、良いリーダーということになる。

また、試合の序盤に立て続けにペナルティを犯してレフェリーから注意を受けたような場合も、リーダーはその状況に応じた言葉をかけることが求められる。

たとえば、コンタクトで劣勢で、タックルのときに相手を無理矢理倒してノット・ロール・アウェー*のような反則を続けてとられているような場合は、「接点でのコリジョン（当たり）を低くしよう」とか「もっとレッグドライブ*しよう」というような声をかけるし、「（ディフェンスの）セットアップを速くしよう」「ワークレート*をもう一段上げよう」などと、そのときの状態に応じた言葉をかける。

あるいは、不注意なミスが続いているような場合は、「なんのために試合をしているんだ?」とか「どういうラグビーをしたいんだっけ?」といった、メンバーのメンタルに働きかけるような言葉をかけてアプローチすることもある。

果たしてリーダーの言葉がメンバー全員に届いているのか、リーダーにはわからないことも多いが、それでも「何を大事にするか」「どういう方向でプレーをするのか」ということが伝われば十分だろう。リーダーにとっては、メンバーが方向性を見失って、何をやればいいのかわからなくなることが一番不安だ。だから、「次に何を大事にするか」を、短く具体的な言葉で明確にして、方向性を示す。それが、「セイム・ピクチャー」つまり、チーム全員が同じ「絵」を見て戦うことにもつながるのだ。

そして、これには、メンバーを精神的に落ち着かせる効果もある。

これは、あくまでも序盤に反則が立て続けに起こった場合の例だが、実際のゲームでは、次の20分間で、優勢なチームがその優位性を活《い》かしてどう戦おうとするのか。あるいは、劣勢のチームが、相手のプレーにどう対応しようとしているかがわかる。

たとえば、一方のチームが、立ち上がりからほとんどキックを使わず、ボールをずっとキープするような戦い方をしていれば、次の20分でもそんな戦い方を継続するのか。あるいは、効果が得られないと判断して、キックを織り交ぜた戦い方に変えてくるのか――それが次の興味の焦点になるのだ。

そうして前半の3分の2（約30分）が経過した辺りで、見ている人には、だいたいどちらが優位に試合を進めているかがわかってくる。

ゲームリーダーも、およその流れをつかんでいるだろう。彼としては、80分間を通して試合が順調に流れることが理想だが、現実の試合では相手にビッグプレーが飛び出して流れが変わることもある。

それ以外にも、レフェリーのミスジャッジや、味方の少し怠慢なプレーで流れを失うこともある。そういう状態を自ら招かないのが理想的だが、ゲームにはやはり流れがあって、どうしても良くない時間帯が訪れるのだ。

だから、ハーフタイムまでの残り3分の1では、次の二つのことを気にしながら試合を観ている。

一つは、流れがこのまま続くのか。

そして、もう一つは、劣勢のチームの誰かが大きく流れを変えるようなビッグプレーをするのか――この二つだ。

こうした流れを変えるビッグプレーには、自陣から一気に走り切るようなトライもあるが、たとえば相手のいいアタックを粘り強く止めて、ゴール前でジャッカルに成功するようなプレーも含まれる。そういうジャッカルが飛び出すと、「これでまた流れが変わるのではないか」と思えてくる。

ただ、ビッグプレーが起きた直後のラインアウトで、しょうもないミスをしてしまうと、せっかく傾きかけた流れを失ってしまう。つまり、ビッグプレーのあとに、いかにいいプレーを続けるかが、流れを切るためには重要なのである。

その点では、一人ひとりのプレーヤーが、どこまでゲームの流れを理解し、今一番やらなければならないことは何か、あるいは今一番やってはならないことは何かをしっかりと考えることが大切だ。

ゴール前のピンチをジャッカルのようなビッグプレーで切り抜け、ペナルティをもらったものの、次のキックをノータッチにしてしまうような場面が、ときどき見られる。

リーグワンのようなレベルでプレーする選手ならば、それがもっとも「やってはいけないこと」だとわかっているはずなのだが、ついより良い地点でラインアウトにしようと欲を出してノータッチキックになってしまうのだ。

こういうときに、ゲームでは、多少距離が出なくても次のプレーをマイボールのラインアウトから始めることがなによりも重要であると理解していれば、こうしたミスは防げるのだが、スコアを離されて追い詰められたときは、往々にしてこういうミスが起こる。そして、流れを変えられずに、また苦しい時間帯に逆戻りするのだ。

僕も解説をするときには、そうした点に注意を払って、前半のラスト3分の1を見るようにしている。

それは、言葉を換えれば、前半をリードしてゲームを折り返したい気持ちでいる両チームが、そのためにどういうマネジメントをしようとしているのかを見比べることでもある。

特に、相手陣に入ってペナルティを得たときに、PGを狙って3点を取りに行くのか、それともタッチに蹴り出してラインアウトからトライを狙おうとするのか。その選択に注目すると、チームの特徴が見えてきて面白い。まして、前半の残り時間が2分とか3分といった状況でのペナルティは、そのときのスコアにもよるが、チームがゲームをどう進めたいかがよくわかる絶好の場面だ。

●ハーフタイムのロッカーでは何が話されているのか

さて、前半が終了すれば、選手たちはロッカールームに引き上げてハーフタイムを過ごす。このときロッカーでどんなことが行われ、話されているのかは、当事者にしかわからない。

僕の経験で言えば、まずレスト、つまり休憩が最初にくる。

水分を摂《と》ったり、栄養を摂って身体を休め、コンディションを整えるのだ。

そうしながら、周りの選手と話して、それからＦＷ、バックスといったユニットに分かれての話し合いになる。そして、最後にチーム全体で話をして後半に臨むのが、だいたいの流れになる。

テクニカルスタッフが前半に撮影した短い映像を、ロッカーで見たこともあった。特に、相手ディフェンスの特徴を表すような象徴的な映像があれば、それを見ながら相手のポジショニングや立ち位置を確認して、「ここがこうなっているから、ここを狙えばチャンスになる」というような話をする。これは、僕がいたときのジャパンでも行われていた。

このハーフタイムの間に、バックスは、ＦＷの優劣、相手の防御ラインの背後にスペースがあるかどうか、それから後半は風上になるのか風下になるのか、どのくらいの割合でキックを使うかパスを回すのか、そして、相手のアタックの特徴などを話し合い、確認する。

ＦＷは、ラインアウトやスクラムといったセットプレーの話や、ブレイクダウンの注意点などを話していることが多い。

チーム全体では、後半にどういうアタックをするのか。ディフェンスのキーポイントは何か、といった話になる。

ハーフタイムは12分間と決められているので、その短い間に、これだけのことを行うのだが、時間の配分は、ロッカーに引き上げて身体を休めるまでに2分から3分、ユニットの話で3分ほど、そして、チーム全体の話も3分ほどだ。

もちろん、水分や栄養を補給しながらでも、前半のプレーを振り返っていろいろな話をする。コーチが個別に選手に話すこともあれば、リーダーが話しかけることもある。そうやって、前半のプレーについてのコンセンサスを作り上げて、後半に臨むのがハーフタイムの時間の使い方なのである。

後半のキックオフの攻防をどうするかも、ハーフタイムに決めておく。

特に、ツーチャンス（2トライ2ゴール）でも逆転できない15点差以上スコアが開いている場合は、どうやって流れを変えるかを考える。たとえば、キックオフを浅く蹴ってマイボールにするようなプレーをするか、深く蹴って相手にタッチキックを蹴らせ、そのラインアウトからどういうアタックを仕掛けるのかといったことも、あらかじめ話し合っておく。

点差が、26点とか大きく引き離されている場合でも、選手が落ち込むようなことはほとんどない。

そういう場合は、一つひとつトライを重ねて点差を縮めるしか方法がないので、たとえば26点差なら、10分に一つトライを獲ってコンバージョンを決めて7点ずつ返せば、40分後には28点とって逆転できる——というふうに考える。40分で26点差を逆転すると考えると、何か大変なような気がするが、それを、トライを10分に一つ獲ればいいと時間を区切って考えると、なんとなく実行できそうに思えてくるのだ。そうやって目標を細かく区切って考え、パニックに陥らないことも、勝つためには大切なのである。

そして、そのための最良の方法を具体的に考えて、後半開始から実行することになる。

実際に、チームでそういうことが話し合われるかどうかは別にしても、僕は、劣勢のときにはそう考えて、自分の頭を整理していた。もちろん、強力なリザーブが控えていれば、20分で一本しかトライを獲れなくても、リザーブが入ってから流れを変えて、そのまま最後まで走り切ればなんとかなるのでは——と考えることもできる。

選手たちはそうやって、最後まで勝利を諦《あきら》めないのだ。

●後半に注目すべきゲームの転換点

後半の最初の3分の1（40分〜50分）は、まさにリードされた側のそういう思惑が上手くいくのかどうかがハッキリする時間帯となる。と同時に、それまでの経過を踏まえて、何かを変える必要があるのか、それともそのままでいいのかといったところが焦点になる。

また次の3分の1では、メンバー交代が行われることが多く、どんな選手が登場して何が変わるのかを考えてみるのも楽しみの一つだ。

22—23年度のリーグワン、プレーオフ決勝戦では、この時間帯まで3対12とリードされていた埼玉パナソニックワイルドナイツが、50分にPR稲垣啓太《いながきけいた》をクレイグ・ミラーに、HO坂手《さかて》淳史《あつし》を堀江《ほりえ》翔太《しょうた》に入れ替え、55分にも9番10番のハーフ団を、内田《うちだ》啓介《けいすけ》と松田《まつだ》力也《りきや》のコンビから小山大輝《こやまたいき》と山沢拓也《やまさわたくや》のコンビに替えた。この交代で流れが変わり、ワイルドナイツは、18分、25分とトライを奪って15対12と逆転した（その後スピアーズが再逆転した）。

こういうふうにゲームが動くのが、この時間帯なのである。

ゲームリーダーとしては、この時間帯は、自陣でのアタックの優先順位を考え直す時間帯になる。相手にリードされていれば、必然的に自陣からランでアタックすることを模索するし、逆にリードしていれば、地域を前に進めてなるべく自陣で戦わないようなオプションが優先される。

特に、リードされたチームがどうするかに注目すると、この時間帯には、何かを変えるためにさまざまなことを仕掛けてくるので、どんなオプションで攻めるかを考えながら観戦するのも面白いだろう。

たとえば、相手防御の戻りが遅くなっていれば、自陣10メートルライン付近のペナルティから、タップキック*でアタックを仕掛けるようなことをするチームもあるだろう。そうした変化が起こるのが、この時間帯なのである。

両チームのフィットネス*の優劣が少しずつ明らかになってくるのも、この後半の中盤の特徴だ。

フィットネスが落ちてきたかどうかを見分けるには、ＦＷが防御に戻る速さに注目すると、よくわかる。体力的に厳しくなると、ＦＷの戻りがだんだんゆっくりになっていくからだ。僕自身、放送席から「ああ、このチームの戻りがだんだん遅くなっているな」と感じることがある。あるいは、ラインアウトになったときに、そのポイントに行くまでのスピードがゆっくりしているような場合も、フィットネスが落ちてきた兆しととらえることもできる。

そういうところに注目すれば、ゲームの次の展開が見えるようになるのだ。

たとえば、フィットネスで優位に立つチームが、スコアでリードされているような場合は、それこそタップキックからの仕掛けをきっかけにして、相手から体力を削《そ》ぐような戦い方に切り替えることもある。

僕自身も、現役時代に相手防御から受ける圧力がだんだん薄れてきたと感じて、「そろそろカウンターアタックを仕掛けてみようか」と考えたこともある。

僕がジャパンでプレーしていて、相手にリードされて、しかも、相手のフィットネスがなかなか落ちてこないようなときには、なかなか打つ手を思いつかず、「ナキ行ってくれないかな」と、アマナキ・レレイ・マフィのビッグプレーを期待したこともあった。確かに大きくスコアを引き離された場合には、個人のビッグプレーくらいしか状況を打開できる手がないのも事実なのである。

そして、勝敗が決する最後の3分の1（70分～80分）は、最初から出ている選手が肉体的に厳しくなる時間帯であり、同時に両チームの控え選手の質が問われる時間帯でもある。

選手は、たとえ肉体的に疲労していても、どこかで休もうとか息を抜こうとは考えずに、最後まで力を出し切ろうと考えている。最後の一滴まで力を絞り出すようなイメージだ。

そもそもラグビーは、80分間という長さを考えて、プレーの強度を調整しながらできるようなスポーツではない。特に接戦では、肉体的に厳しい状態で、最後の勝負を分けるプレーに臨むことになる。

このとき、リードされているチームは、逆転勝利を収めることしか考えていないから、守りに入ることもなく、チャレンジャーに徹してプレーができる。

一方、3点差や4点差でリードして終盤の3分の1を迎えると、逆転されるのではないか、という怖さはある。ただ、一方で点数的に自分たちが勝っているのも事実で、あまり怖がり過ぎることも良くない。相手がリスクを背負って攻めてくる以上、それを逆に利用しながら、ゲームを終わらせることを考えればいいのだ。

チームとしての「勝った経験」が豊富かどうかも、この時間帯には如実に現れる。

いわゆる「ウィニング・カルチャー（勝者の文化）」が定着したチームであれば、さまざまな形で厳しい状況から勝利をつかんだ経験があるので、そのときの状況に応じて、どうやって試合を勝利で終わらせるか、その道筋を全員が思い描くことができる。

逆に勝った経験の少ないチームは、スコアの上でリードしていても、逆転されることを恐れるあまり、自ら消極的なプレーを選択して、かえって相手にチャンスを与えてしまうようなこともある。勝ち慣れているチームが、こうした苦しい時間帯に、どういうプレーをすると相手が嫌がるかを熟知しているのとは対照的で、こうしたチームの文化が接戦で最後の勝敗を分けるのだ。

つまり、終盤の3分の1は、チームとして勝ち慣れているか、それとも負けることが多くて勝利に慣れていないのか、といったクラブの文化までが見えてくる時間帯なのである。結局のところ、試合を常に勝利で締めくくるために必要なのは、こうした産みの苦しみを乗り越えて、勝利という経験を数多く積み重ねることである。

●そして、ノーサイド

日本では、試合終了のことを「ノーサイド」と言う。

それまで敵味方に分かれていた選手たちが、終了と同時にチームの区別なく握手を交わし、ハグをし合ってお互いに健闘をたたえ合う。

ラグビーの魅力を表す場面だ。

直前まで激しく肉体をぶつけ合った選手たちが、試合終了の笛と同時に仲良くなる光景は、少し不思議に思えるかもしれないが、僕自身の実際にプレーした経験から言っても、相手がよほどダーティなことでもしてこない限り、多少のいざこざがあったくらいでは、お互い気にしないし、相手をたたえる気持ちがなくなることもなかった。

それは、相手をいっしょにラグビーを盛り上げてくれた仲間として見ているからだし、また、そういう相手がいたからこそ自分も試合を頑張れた——という気持ちが、自分のなかにあるからだ。

両チームのキャプテン同士が長く話し込む場面もよく見られるが、試合の感想を話すことが多く、お互いに相手のプレーをどう感じたか、あるいは気になった点があればそれを伝え合う。そして、次の試合の相手を聞いたり、ときには「今度いっしょにご飯を食べようか」みたいな、ラグビーとは関係のない話をすることもある。

僕が東芝ブレイブルーパスでキャプテンをやっていた当時、パナソニックワイルドナイツは霜村《しもむら》誠一《せいいち》がキャプテンで、けっこう仲が良かったから、試合についても率直に感想を話し合った。

たとえば「あのトライはワイルドナイツっぽかったね」とか、「あの場面あの選択はこれまでのブレイブルーパスとは違ったね」といったことまで話したのだ。

将棋の感想戦ほど細かく試合を振り返るわけではないが、勝負を分けたプレーについて話したこともあった。

ワイルドナイツとの試合で、ブレイブルーパスがマイボールのラインアウトにオールメン*（7人）で並んだのに、防御側のワイルドナイツは5人しか並ばず、残ったFWがバックスといっしょにディフェンスラインに並んで立ったことがあって、非常に攻めづらかった。だから試合後に、霜村キャプテンに「あのディフェンス、メッチャ嫌だった。あれ、誰が考えたの？」と率直に訊《き》いたのだが、返ってきた答えは、「あれはロビー（・ディーンズ）さん」だった。そして、「やるなあ、ロビーさん。さすが策士」みたいなやりとりをしたことを覚えている。

お互いに何度も対戦しているから、ライバルとして信頼している。だから、素直に感想を言い合うことができるのだ。

同時に、普段はお互いに自分のチームのことに専念しているから交流がほとんどなく、だからこそ、試合後には、久しぶりに会った友だちと近況を報告し合うような雰囲気に近くなるのかもしれない。

10年前までは、試合後にアフターマッチファンクション*という、交流会みたいなものが必ず開催されていて、それもラグビーの文化の一つと考えられていた。たとえば秩父宮ラグビー場で試合があれば、ロッカーで着替えを済ませた両チームの選手たちが、会議室に集まってビールを片手に交流するのだ。

今は選手のコンディショニングを優先するのでアフターマッチファンクションは行われないが、それでもピッチの上では、今も試合後に同じような交流が行われていて、ラグビーのノーサイドの精神を支えている。

第2章　ラグビー選手はこんなに凄いアスリート

＊

前章では、ウォーミングアップからノーサイドまでを時間軸に沿って追いながら、グラウンドの上に立っている人間がどんなことを考え、そこではどのようなプレーが行われているかを説明した。

この章では、そうした試合の流れのなかで、実際に汗を流し、肉体をぶつけ合う選手たちの実像を、もっとクローズアップしてみる。

それぞれのポジションでは、どのような能力が求められ、またどういうキャラクターが、それぞれのポジションに向いているのか——そして、そのなかで選手たちは、どんなことを感じ、あるいは考えてプレーしているのか——こうした選手たちの「機微」を理解すれば、ラグビーを見る面白さは、さらに深くなる！

●PRの武器は「スクラムの強さ」と「フィットネス」

スクラムの最前列にいる1番、2番、3番の3人をフロントローと呼ぶ。

これは、ラグビーに興味がある人ならたいていは知っていることだが、この3人には

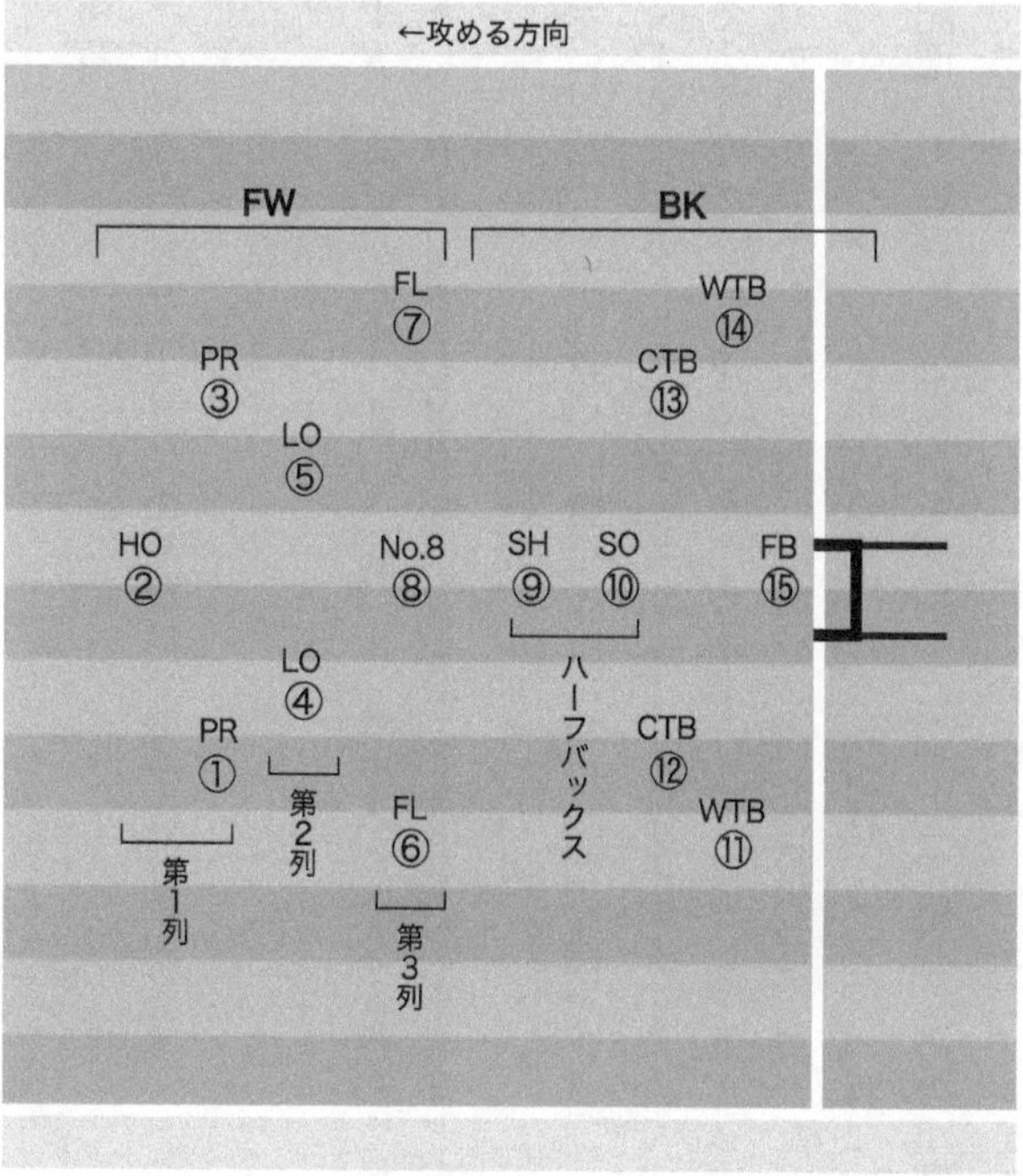
←攻める方向
FW
BK
FL
⑦
WTB
⑭
PR
③
CTB
⑬
LO
⑤
HO
②
No.8
⑧
SH
⑨
SO
⑩
FB
⑮
ハーフバックス
LO
④
PR
①
CTB
⑫
第2列
FL
⑥
WTB
⑪
第1列
第3列

ラグビーのポジション

「フロントロー」という言葉でひとくくりにできないだけの、アスリートとしての特性や資質の違いがある。

ここでは、そういう「ひとくくりにできない部分」にスポットライトを当てながら、話を進めたいと思う。


プロップ（PR）と呼ばれる1番、3番は、スクラムの強さが優先されるポジションだ。アスリートとしての足の速さも、速いにこしたことはないがそれほど求められるわけではない。ただ、スクラムを組む際には瞬発力が求められる。

これは、相手に対して、より良い姿勢をとるために必要な能力だ。

僕自身には、FWで試合に出た経験がないが、トレーニングのなかでスクラムマシンを押してから走るようなメニューをやったことがあり、それだけでも、スクラムを組むことでどれほど体力を使うかを思い知った。足がパンパンに張って、まったく走れなくなるのだ。確かコーチから「バックスもFWの気持ちをわかれ！」と言われて始まったトレーニングだったと記憶しているが、本当にキツかった。3人で組むための小型のスクラムマシンを押すだけであれほどキツいのだから、実際の試合ではどれほど大きな負荷がかかるのか、おそろしい限りだ。

他の競技を見ると、アメリカンフットボールのスクリメージラインでの激突や相撲の立ち合いでは相手と押し合うが、アメリカンフットボールにしても相撲にしても、そうした激しいコンタクトのあとに長い距離を走り、さらにはパスをしたり……といったタスクは課されていない。

この筋肉系の激しい力仕事に加えて、細かなハンドリングスキルまで求められるのだから、いかにフロントローの３人にかかる負荷が大きいかがわかるだろう。

現代のラグビーでは、ＰＲがパスを放るスキルを持っていると、アタックのオプションが増えると考えられている。15年Ｗ杯で活躍した畠山健介《はたけやまけんすけ》のようなスキルの高いＰＲが揃っていることが、ジャパンが世界で戦う上での優位性だと、僕は考えている。

ＰＲを見て、まずスクラムが強くあって欲しいというのが、多くの人の正直な気持ちだろう。スクラムを相手に押しまくられると、厳しい試合になる。テストマッチのように、レベルが高くなればなるほどその傾向は強くなる。

インプレー時間が増えている現代のラグビーではフィットネスも重要になる。

今はどのチームも、ＰＲを試合の途中で入れ替えるので負担は減ったが、その分、50分なり60分なりの出場時間を、パフォーマンスを落とすことなくプレーすることが求められている。それほどPRは、重要なポジションなのである。

PRは、プレーを離れてお酒を飲むと楽しい人が多く、特にジャパンでは畠山健介や山《やま》下裕史《したひろし》といった3番（右PR）の選手が、よくしゃべって周りもにぎやかになった。まあ、これは個性の問題かもしれないが。

●HOにはハンドリングスキルやコミュニケーション能力が必要

2番のフッカー（HO）は、フロントローのなかでもちょっと特殊なポジションだ。「HOは専門職」とよく言われるが、ラインアウトのスローイングや、スクラムでSHが投入したボールを右足で後方に送るフッキングなど、HOは、独特なスキルを習得しなければならない。

W杯に臨む日本代表スコッドのなかでも、HOに3人の選手が選ばれることが多いのは、スクラムやラック、モールからパスを供給するSHと同様に、他の選手では代替できない特別なスキルが求められるからだ。

スクラムの舵取《かじと》りをするのもHOの役割だ。

1番と3番のPRには、それぞれの「スクラム論」があり、どちらが組み勝ったとか組み負けたと主張することが多い。一方、HOはそれらを踏まえて、どう組めば上手《うま》くいくかを考えて舵取りするのだ。

僕自身、バックスの立場からスクラムの勝ち負けが気になったときは、HOにどう見ているかを尋ねることが多かった。

PRに尋ねると、「なんとかする!」とか「大丈夫、勝ってる!」といった答えが返ってくることが多いが、HOは、もう少し客観的に相手とのスクラムでの力関係を見ているからだ。味方の両PRの調子も含めて、スクラムでの力関係を肌身で感じているところが強みで、バックスにとっては、スクラムの知恵袋的存在でもある。

その辺りは、トイメン（対面）との勝ち負けにこだわりがちなPRと、ちょっと違うのだ。ラインアウトのスローイングも含めて、フロントローのなかでは、おそらくプレー中にボールに触る回数がもっとも多いのも、HOの特徴だ。

昔はHOのことを「裏のNO8」と呼ぶこともあったらしい。

確かにワイルドナイツの堀江翔太の自在な動きを見ていると、「裏のNO8」という呼び方にも納得がいく。それに、堀江は、帝京大学時代までは正真正銘のNO8だった。

一般的な印象でも、フロントローのなかでは足も速くて、ハンドリングもスキルが高いというイメージだ。バックス並のスキルでラインアタックすることも珍しくない。

ラインアウトの失敗は、主にHOに非難の矛先が向く。

もちろん、まっすぐにボールを放ることができず、ノットストレートを連発するようでは問題があるし、バックスとしては「なんとかならんかな」という気持ちになることもある。

しかし、HOに「ここに投げろ」とコールされたサインがその場の状況にそぐわなかったり、ジャンパーがタイミングを間違えてジャンプしたために失敗するような場合もある。相手も懸命に対策を練って対応してくるので、失敗の責任をHOだけに背負わせるのは酷というものだ。ただ、スローイングの調子があまり良くないのに、ラインアウトの後方にばかり投げている場合は、「なんで？」と疑問に思うことがある。

FWとしては、前方で確保すると相手のFWがバックスを狙ってディフェンスできるので、そのプレッシャーを減らすために後方での確保を狙うのだが、バックスにはバックスで、多少のプレッシャーがかかるのを覚悟しても、とにかくボールを持って攻めたいときがある。

そういうときは、前方での確保でもかまわないから、ボールが欲しいのだ。

こうした行き違いを防ぐために、ラインアウトについて、HOやサインをコールする「コーラー」と呼ばれるLOや第3列の選手を交えて、試合の前段階から、おおよそどんな地域でどんなボールが欲しいか、といった打ち合わせをする。ラインアウトに並ぶ人数をどうするかも、話し合う。たとえば、こういう地域では絶対にこういうボールが欲しいから、4人ラインアウトでこうやって確保しよう、といったことを話して意思を統一するのだ。

また、バックスが準備したスペシャルプレーを仕掛けたい状況も事前に説明して、「こういうプレーを仕掛けたいけど、ラインアウトの後ろでボールを獲《と》れる？」みたいな感じで確認する。特に、国立競技場のようにスタジアムの形が特殊な会場では、スロワーの感触や自信が、確認事項になるのだ。

それでも試合当日の状況によってプランに狂いが生じるのはよくあること。

たとえば、風がちょっと強くて、まっすぐにボールを投入しても、後方に届くまでに軌道が変わってノットストレートを頻繁にとられるようなケースもある。

そういう状況で、ずっとピンチが続いてようやくマイボールのラインアウトになったときには、バックスとしては、とにかくボールが欲しいので、「ボールさえ渡してくれれば、オレたちでなんとかするから」みたいな気持ちでいる。だから、コーラーに、後ろにこだわらず前で確保してもかまわないと伝えることもある。なによりも、ノットストレートやターンオーバーが続くと、チームとしてのリズムが狂うのだ。それを防ぐためにも、とにかくボールを持ちたいのが、バックスの心情だ。

試合中には、ＨＯよりも、むしろコーラーとバックスリーダーが話し合うことの方が多いかもしれない。ＨＯは、コーラーから出されたサインに従ってボールを投入するので、その方が修正しやすいのだ。ラインアウトの失敗がＨＯだけの問題ではないというのは、こういう背景があるからだ。

それでも、ＨＯにはさまざまな状況で判断を下したり、周りの状況を読み取ったりする知性が求められることは間違いない。スクラムを組むときには、レフェリーともしょっちゅう話すので、そうしたコミュニケーション能力も必要とされる。

その上、ハンドリングスキルやパスのスキルも求められるのが現代ラグビーのＨＯ像だ。だから、ＦＷの１番から５番までの前５人（タイトファイブ）のなかでは、もっとも第３列の選手に近いとも言える。先ほどの堀江の例にとどまらず、ＮＯ８やＦＬからＨＯに転向する選手が多いのも、そういった資質や経験が、現代ラグビーのＨＯ像に合っているからではないか、と僕は考えている。

●チーム最長身のLOは「フィジカルバトル」にすべてをかける

ＬＯは、ボールを持てば相手防御にくさびを打ち込むように激しくコンタクトし、ラインアウトではボール獲得の主役となる。前提として、とにかく身体が大きくないと務まらないのが、このポジションだ。それが空中戦を戦う武器になる。

これまでジャパンには、海外出身のＬＯが多くいたが、身長が２００センチを超える選手はいなかった。チーム最長身の選手が身長１９５センチ前後という例が多かった。

現在のジャパンには、まだ21歳の巨漢ＬＯワーナー・ディアンズ（東芝ブレイブルーパス東京。身長２０１センチ、体重１１７キロ）がいて、ラインアウトで活躍するだけではなく、22年のニュージーランド代表オールブラックス戦では、相手キックをチャージしてそのまま独走トライを挙げるなど、アスリートとしての才能にも恵まれている。

ラインアウトを獲得するためには、腕の長さやジャンプのセンスなど身長以外の要素が求められるが、ディアンズはそうした能力にも恵まれているのではないか？　だから、この「プラス５センチ」が、どのような影響を及ぼすのか僕は期待している。

実はジャンプのセンスがあるかないかは、ラインアウトの獲得を左右する大事な要素だ。いくら身長が200センチ近くあっても、ジャンプが不得意だと、彼をリフトする（持ち上げる）PR陣の負担が大きくなるからだ。

ジャンパーを支え、持ち上げるPR陣は、ラインアウトのたびに体重が100キロを超える巨漢を持ち上げなければならないから、いくら日頃からウェイトトレーニングに熱心に取り組んでいても、時間が経過するにつれて筋力や体力が低下してくる。だから、実際の試合では、ときどき身長が190センチ前後でスリムな選手が、ジャンパーとなるような場面が見られる。その点で、リーチ マイケルは、身長が189センチしかないが、動きにスピードがあってジャンプも得意、カンも良い。だから、試合でもジャンパーとしてラインアウト獲得に貢献している。

LOはまた、ラインアウトのコーラーになる場合が多い。

チームによっては、FW第3列の選手が、ラインアウトのリーダーとしてオプションを考えたり、相手のラインアウトの傾向を分析することもあるが、FLやNO8は、人数を減らしたショートラインアウトのときにはバックスに交ざって後方のアタックラインに並ぶことになる。だから必然的に、常にラインアウトに並ぶLOがコーラーとなるわけだ。

セットプレーでボールを確保してアタックが始まると、フェイズを重ねるなかでFWにパスをする機会が増えてくる。

ＬＯにボールを渡すときは、僕は「少しでも前に出てくれて、クイック（素早い）ラックでボールが出ればチャンスやな」と思っていた。もちろん、これはすべての選手に対して思うことだが、そういうところで相手防御にくさびを打ち込み、それこそダブルタックルを受けながらでも前に出て、相手の防御を１人でも多く減らすのが、ＬＯの役割だ。

バックスとしては、ボールキャリーだけではなく、タックルであれ、ブレイクダウンで相手の選手を激しくめくり上げるオーバーであれ、ＬＯが戦いに勝ってチームに勢いをもたらしてくれることをいつも願っている。

つまり、相手との激しい「フィジカルバトル」がＬＯの見せ場なのである。

ここで少し「ジャッカル」というプレーについて少し説明しておこう。

タックルされて倒れたアタック側の選手が、ボールを自分のチームに見せてダウンボールしようとするところに、しっかり両足で自立して上から両手を伸ばし、ボールをもぎ取るように襲いかかるジャッカルは、現代ラグビーでは、1番から15番までのすべての選手に求められる基本的なスキルだ。

もちろん、それぞれのチームにジャッカルのスペシャリストと呼ばれるような選手がいるが、ゲームのなかで、ジャッカルするチャンスがあるのに仕掛けないことはほとんど考えられないから、チーム全員が、チャンスがあればチャレンジするだろう。

代表的な名手はFL／NO8の姫野《ひめの》和樹《かずき》（トヨタヴェルブリッツ）で、19年W杯日本大会で、この言葉を日本中に浸透させたと言ってもいいかもしれない。

リーチもジャッカルが上手い。バックスでは、立川理道《たてかわはるみち》（クボタスピアーズ船橋《ふなばし》・東京ベイ）や、今は引退して順天堂大学医学部に通っている福岡堅樹《ふくおかけんき》が上手かった。

特に福岡はWTBというポジション柄、FWのサポートが届きにくいタッチライン際にいるから、タックルしたあとにすぐ立ち上がってジャッカルに入れば、相手のサポートがくるより早くボールを奪ったり、相手からノット・リリース・ザ・ボール*の反則を誘うことができた。もともとタックルして倒れた状態から起き上がるスピードが速い選手だったことも、彼が何度もジャッカルを決められた要因だ。

彼のプレーぶりを見ていると、タックルに入る前からジャッカルを考えている——というか、タックルの終了がジャッカルであると考えている——ようなところが感じられた。

つまり、普通に相手の力を正面から受け止めるのではなく、タックル後も自分の身体の自由が利くように相手を仰向《あおむ》けに倒したり（ドミネート＝支配するようなタックル）、ドミネートできない場合でも、レスリング選手のように相手ともつれ合って倒れた状態から素早く起き上がる。こういう動きが非常に速かった。

このようにジャッカルには、タックルの強さだけではなく、次の動作にすぐに移行する俊敏性、そして素早く低い体勢になる股関節《こかんせつ》を中心とした柔軟性といった要素が求められる。

また、少しでもタイミングが遅れて相手のサポートが到着すると、ラックができて、そこでボールから手を離さないと逆にペナルティをとられてしまう（ハンドの反則）ので、そういう見極めの良さも必要だ。

だから、実は巨漢のＬＯがジャッカルする場面はそれほど多くない。むしろ、ジャッカルできなかった場合に、カウンターラックと呼ばれるが、相手を乗り越えてボールを奪うプレーが、いかにもロックらしいフィジカルバトルの見せ場である。

●ＦＷ第３列の働く場所に注目すれば「ストラクチャー」がわかる?

このＬＯと第３列の選手３人を合わせて「バックファイブ」と呼ぶこともある。

これは、セットプレーを離れたフェイズプレーのなかで、ボール争奪戦の中心となる５人といった意味だ。

バックファイブの５人には、冷静な状況判断を下す力と、目の前のボールになにも考えずに飛び込んで行くような闘争心という、相矛盾する資質が求められる。

１人の選手にどちらも求めるのはなかなか難しいから、通常はＬＯ、ＦＬといったポジションに、それぞれ１人ずつ試合の状況を冷静に見極められるような「知性派」の選手を配置する。そうすることで、チームのバランスはとても良くなるし、５人のユニットに「知性派」と「肉体派」を混在させることで、それぞれの選手のキャラクターを活《い》かして、チームがよりうまく機能する。

僕がプレーしていた当時のジャパンでも、どんな状況になっても「オレにボールを渡せ!」と言って、ひたすら頭から相手に突っ込んでいくような選手と、状況を見極めてチームの連携を指示できるような知性派の選手が、バランス良く組み込まれていた印象がある。誰が「ひたすら派」で誰が「知性派」なのかは、あえて具体的には挙げないが。

言葉を換えれば、野性味と知性のバランスがとれた選手が、バックファイブとしての適性を持つ選手と言えるのだ。

さて、ＦＷ第３列のＦＬとＮＯ８は、一見すると同じような役割を果たしているように見えるかもしれない。

ＦＬで先発した選手が試合の途中でＮＯ８のポジションに入ることもあれば、姫野やリーチのように、ＦＬとしてもＮＯ８としてもトップレベルの試合に出ている選手もいる。

しかし、それぞれのポジションに与えられている役割は違うし、ＦＬも、常に広いサイドを受け持つオープンサイド*ＦＬ（主に７番）と、狭いサイドを受け持つブラインドサイド*ＦＬ（主に６番）に分けて考えることが多い。

このなかで外から見ても区別しやすいのが、オープンサイドＦＬだ。

オープンサイド側のＦＬは、相手からボールを奪う「ボールハンター」の役割を担っていて、ブレイクダウンにいち早く駆けつけてジャッカルを狙う。

特に、セットプレー（ファースト・フェイズ）から最初にできるブレイクダウンに、相手の同じポジションの選手よりも早く到達することがオープンサイドＦＬには求められる。

攻守ともに、トイメン（対面）との「最初のレース」に勝つことが、このポジションの大切な仕事なのである。

だから、オープンサイドFLには身長が180センチ台前半くらいの、少し小柄でスピードと持久力に秀でた選手が起用される。そして、それを80分間にわたって続けられるタフさが要求されるのだ。

ジャパンで言えば、ピーター・ラブスカフニ（スピアーズ）が典型的なこのポジションの選手。他にも、一時トヨタヴェルブリッツに在籍していた「世界一のオープンサイドFL」オーストラリア代表のマイケル・フーパーもこのポジション。オールブラックスのレジェンド、リッチー・マコウもやはりこのポジションだった。

僕がいたときのジャパンには、マイケル・ブロードハーストという選手がいた。15年W杯イングランド大会の南アフリカ戦勝利に貢献した1人だ。

彼は身体が大きく、一見するとブラインドサイドFLやLOのタイプに見えるし、またそのポジションで出場することも多かったが、一方でサイズの割によく走り、ひたすらタックルを繰り返して、しつこいプレーもいとわない。バックファイブのどのポジションもこなせる能力を持った、素晴らしい選手だった。

防御においては、ディフェンス側の10番がアタックの標的とされやすく、相手の大柄な選手が10番めがけてまっすぐ走り込んでくるケースが多い。そういう10番をサポートし、「守る」のもFW第3列、特にオープンサイドFLの役割だ。

たとえば、ジャパンにも選ばれているシオサイア・フィフィタ（トヨタヴェルブリッツ）みたいな強いCTBが、スクラムのときに10番をめがけて直線的に走ってくることはよく起こる。そういうときには、オープンサイドFLが駆けつけて10番のディフェンスをサポートし、ブレイクダウンができれば、そこでジャッカルを仕掛けて相手の球出しを遅らせる。

一方、アタック側のオープンサイドFLは、そこで早く質の高いボールを確保することが役割だ。そのためにも、防御側の7番よりも早くブレイクダウンに到達することが求められる。

スクラムからの攻防では、こうした「7番のレースの勝敗」に注目すると、観戦がより面白くなる。このレースに勝つことに、7番は全力を傾けているからだ。

ブラインドサイドFLとNO8は、似たような体格であることが多く、わかりやすい違いは、セットスクラムのときに、NO8が最後尾からボールを持ち出してサイドアタックを仕掛けられるところくらいかもしれない。

NO8がアマナキ・レレイ・マフィ（横浜キヤノンイーグルス）みたいな強烈な選手だと、防御側は非常に対応が難しい。2022―23シーズンのリーグワンでは、東京サントリーサンゴリアスのテビタ・タタフが、相手チームにとって一番嫌なNO8だっただろう。

もう一つ違うのは、セットプレーからの最初のブレイクダウンにオープンサイドFLが駆けつけたときに、NO8は、劣勢になったときは、自らブレイクダウンに参加してサポートする役目を持っていることだ。

6番のブラインドサイドFLは、チームにもよるが、基本的にはこのブレイクダウンには参加せず、そこから出たボールを持って防御に挑みかかる役割を担っている。

実際のゲームを想定しながら、少し整理してみよう。

相手陣10メートルライン上で、左のタッチラインから15メートルほど内側に入った辺りでマイボールのスクラムを得たとする。

スクラムから出たボールは右に展開されて、12番のCTBが相手に向かって直線的に突進する。このとき、12番が倒された接点にいち早く駆けつけるのが7番のオープンサイドFLだ。

ＮＯ８は、ブレイクダウンの状況に対応できるように、7番と少し離れた位置に立つ。もし、ブレイクダウンが劣勢ならば、ＮＯ８も駆けつけてボールを確保する。

このとき6番のブラインドサイドFLは、ブレイクダウンには関わらず、次に備えている。つまり、ボールが確保できれば、ＳＨにパスを要求して次のラックを作るべく備えている。あるいは、そこからまたバックスがボールを持つのならば、その選手のサポートに回る。

このとき注目して欲しいのが、ラックからボールが出たあとの8番と6番が動く方向だ。

現代のラグビーでは、それぞれのチームの「ストラクチャー」（攻守の基本的な方針）に従ってセカンド・フェイズ以降のＦＷの配置が決まっている。これがいわゆる「ポッド」だが、第3列の選手は、状況に応じて3人のうち2人が、タッチライン際の大外にポジショニングする。

チームの考え方によって違う場合もあるが、多くの場合、7番が駆けつけたラックからボールが出ると、ＮＯ８はラックから離れて左側（つまりスクラムが行われた方向）のタッチライン際に向かって移動を始める。

対照的に6番は、ボールが動く方向——この場合は右側——に向かって動き、最終的には右のタッチライン際にポジショニングする。

つまり、真上から見れば、左のタッチライン際に8番が、右のタッチライン際には6番が位置するように動くのだ。わかりやすく言えば、8番はボールの動きとは逆方向に、6番はボールが動く方向に、それぞれ移動してポジショニングしようとしている。

そして、真ん中のボールが動いているエリア（左右のタッチラインからそれぞれ15メートルずつ内側に入った辺り）には、1番から5番までの5人と7番の、計6人が残ってアタックをサポートすることになる。多くの場合、その6人を3人ずつの塊に分けて（これをポッドという）、それぞれが接点でラックを作る。こうすることで、ラックを次々と連取できるようになるのだ。

こういう配置ができれば、ボールが一番外側のWTBまで回ったときに6番がサポートできるし、左方向にアタックする際には、最終的には8番がタッチライン際でボールを持つなり、WTBをサポートするなりできる配置が完成する。

こうした約束事をストラクチャーというのだが、練習を通じてそうしたポジショニングが徹底されていれば、アタックの最中にバックスが孤立してボールを奪われることを防げるし、また、ランナーとしての能力が高い6番や8番が、相手のバックスに挑みかかることもできる。こういう動きに注意を向けられるようになると、ラグビーのダイナミズムがわかって、より観戦が楽しくなる。

こうした動きを、バックス的な目で見ていると、ポッドのなかでサボったり、疲れて運動量が落ちてきた選手が誰か、なんとなくわかってくる——というのも事実だ。

地面に倒れてから起き上がるスピードが遅くなり、アタックでもディフェンスでも、本来立っていなければならないポジションに遅れて到達するようになる——それが、サボっていたり、疲れてきた選手の兆候だ。

本来は15メートルラインの内側にいて、ディフェンスラインに入っていなければならない選手が、ラックとタッチラインの間の狭いサイドでサボっていると、当然ディフェンスの人数が足りなくなってギャップができる。

アタックでも同様に、想定していた人数が足りなくなるから、ブレイクダウンで相手にボールを奪われるような事態になりかねない。

だから、バックスとしては、本来の立つべきポジションへと早く動いて欲しいのだが、思考が働かなくなっているのか、ラックに近寄って、何をするでもなく、ただボールが出てくるのを見ているようなときがある。

こうならないように、バックスが気づいて事前に声がけすることが大事である。

言い換えれば、ラックに入ったあとで、すぐに起き上がって次のポジションに向かえるようにマネジメントする。

もちろん、FWに求められる持久力が途方もないレベルであり、彼らの仕事がムッチャしんどいことも十分に理解している。普段からバックスの選手には耐えられないくらいの身体的な負荷をかけたトレーニングをしていることも、もちろん知っている。

それでも、疲れがあって、思考が停止することがある。その際には、声でサポートしていくことが大事だ。FWが動けなかったときに、単純にFWのせいにしてはいけない。

●目の前の状況を見るSHと長いスパンでゲームを見るSO

ゲームのコントロールを司《つかさど》る9番のSHと10番のSOをまとめて「ハーフ団」と呼ぶことがある。2人とも、FWとバックスの中間に位置しているからだ。

とはいえ、SHとSOではゲームの司令塔という意味では似ているが、役割は違う。

また、同じSHでも、さまざまなタイプがあって、それによってプレースタイルはだいぶ違ってくる。

SHは、体格的にチームのなかでもっとも小柄な選手が務めることが多いが、そういう体格でラグビーを続けているのだから、当然気持ちは強い。

現代では、そうした気持ちの強さに加えて、フィジカルが強く「9人目のFW」と呼ばれるようなタイプのSHが多くなっているように感じている。

リーグワンでは、横浜キヤノンイーグルスのSHファフ・デクラーク（南アフリカ代表）がその筆頭だろう。世界では、ワールドラグビーのプレーヤー・オブ・ザ・イヤーを2シーズン続けて受賞したフランス代表SHのアントワーヌ・デュポンが、フィジカルもタックルも強く、ゲームのコントロールにも長《た》けている。もちろん身体的な能力も高い。

2人とも身長は170センチ台でさほど大きくはないが、筋力は強くて、デュポンはトライの態勢に入った相手の選手をインゴールから引き戻すようなディフェンスまでやってのける。デクラークのフィジカルの強さも、リーグワンをご覧になった方なら強烈な印象を受けたことだろう。

この2人が、23年W杯フランス大会に参加するSHのなかでもトップクラス——つまり、「世界最高のSH」である。

SHは、本来はFWから出たボールをバックスに供給するのが役目。だから、当然高いパス能力を持っている。デュポンやデクラークもパスは一級品だが、それだけではなく、相手にタックルされながらボールを活かすオフロードパスを得意としているところが特徴的だ。

一方、日本には、僕といっしょにジャパンでプレーした田中史朗《たなかふみあき》（NECグリーンロケッツ東葛《とうかつ》）のような、テンポ良くパスを繰り出すタイプのSHが多い。これは、日本のラグビースタイルが、テンポ良くボールを動かして、空いているスペースを攻めることを目指しているからだ。ジャパンで活躍したSHを思い浮かべるだけでも、サンゴリアスの齋《さい》藤直人《とうなおと》や流大《ながれゆたか》、サンゴリアスからコベルコ神戸スティーラーズに移籍した日和佐篤《ひわさあつし》と、何人もの名前が浮かんでくる。

SOとしては、受け手が欲しいと思ったタイミングでパスを放ってくれるSHは嬉《うれ》しい。対照的に、今ボールをもらえばバックスのラインで相手を崩せる——と感じたタイミングでSHが自分でボールを持ち出してアタックしてしまうと、その動きに対して、適応しないといけない。バックスのセンスが問われることになる。この部分は面白いところでもあるが、リスクもある。たとえそこで数メートル前に出られたとしても、たとえば、SHが捕まってしまうと次のアタックのテンポが出ない。相手防御の穴が、次のフェイズで埋められてしまうこともある。結果的にSHのランがトライに結びついたとしても、トライのあとで「今はパスが欲しかったな」と、一言伝えることだってある。次のアタックを考えると、お互いに意思疎通しておいた方が良いからである。

だから、ラインに並ぶバックスがどういうタイミングでパスを欲しいと思っているのか。そういう機微をわかってくれるSHが好まれるのだ。

SHが、こういう機微を理解することはまた、どういう形でゲームを動かすかというゲームコントロールを理解することにもつながる。

バックスは、SHからのパスがくるまで動かないのが原則だ。あらかじめスタートを切ってしまうと、ブレイクダウンからボールが出るタイミングが狂うこともあるからだ。球出しのタイミングが、コンマ5秒ずれただけでも、バックスのアタックは相手に対応されて上手くいかなくなる。だからSHが放るパスに合わせて、バックスのラインが動き始めるのだ。

状況が本当に良いときは、ＳＯはフラット、つまり自分の前に平行に近いパスを放ってもらってそこに走り込むようにパスを受けたい。そうすると、ＳＯから放るパスに合わせて、後ろのバックスがスピードに乗ってパスを受けられるからだ。

そういうバックスの心理や機微をわかっているＳＨがいると、ＳＯはありがたいのだ。

このとき、ＳＯに求められるのは、素早く的確なポジショニングをすることだ。

ＳＯがどこに立つかポジションを決められずにチョロチョロ動くと、ＳＨもパスを放るタイミングをつかめず、ＳＯからのパスを待つ選手たちも、どうポジショニングすればいいのか迷う。

今のＳＯでこういうポジショニングが上手いのが田村優《たむらゆう》（横浜キヤノンイーグルス）で、早くポジションをとって、そこからあまり動かない。だから、田村からパスを受ける選手たちもポジションをとりやすく、遅滞のないアタックが可能になる。

ＳＯは、タイプにもよるが、あまり自分から走らない方が良いのでは、というのが僕の考えだ。

たとえば、オールブラックスのＳＯダン・カーターは、ここぞというときには自ら走るが、それ以外のケースはあまり自分から仕掛けない。アイルランドのＳＯでワールドラグビーのプレーヤー・オブ・ザ・イヤーを受賞したジョナサン・セクストンも、むやみには仕掛けない。

ラグビーを見始めてまだ日の浅い人は、ＳＯが自分であまり走らずにパスしたりキックをしたりする姿を見て「サボっている」とか「楽なポジションだな」という印象を持たれるかもしれないが、実は、そう見られるようなＳＯの方が、周りの選手はプレーをしやすい。良いポジショニングをするためにボールを持たないところでは懸命に走るが、ひとたびポジショニングをすれば、涼しい顔をしてボールを待ち、余裕を持ってポンポンとボールをさばく――というのが、現代ラグビーのＳＯ像かもしれない。裏を返せば、ＳＯが必死の形相であくせく動いているような状況は、チームにとって良い状況ではない、と見ることもできる。

10番は、観戦するときに見つけやすいポジションだから注目するファンも多いが、動きに余裕があるかどうかという視点を付け加えると、ゲームの状況がクリアに見えてくるのだ。

そういう目で今のリーグワンでプレーしている10番を見ると、やはりワイルドナイツの松田力也は安定感がある。

前で触れた田村も安定して上手いし、初優勝を遂げたスピアーズのバーナード・フォーリーも、やはり淡々とプレーしているように見える。

敵にも味方にも観客にも「焦っている」という印象を与えず、淡々とポジショニングをしてパスを放り、状況を見てキックパスを蹴《け》り、前が空いたときだけ自分で走る——これが、良いSOに共通して見られる特徴だ。

一方で、リコーブラックラムズ東京のアイザック・ルーカスは、対照的にランに秀でたSOだが、どちらかというと後半にインパクトプレーヤーとして登場することが多く、こういうSOがゲームの終盤に出てくると、疲れている相手チームのFWは嫌な感じを抱く。

だから一概にSOはこうプレーすべき、とは言えないが、要はチームがその選手の個性を十分に見極めて、良さを活かすような戦い方や起用法を考える必要があるということだ。

●誰が12番で誰が13番か——でわかるチームの哲学（フィロソフィー）

現代のラグビーでは、12番と13番のCTBは、12番がインサイドCTB、13番がアウトサイドCTBと役割を分けて考えることが多い。

たとえばジャパンでは、12番には中村亮土《なかむらりょうと》（サンゴリアス）や立川理道といった、バランスが良くてディフェンスを頑張る選手が起用されている。

13番は、ディラン・ライリー（ワイルドナイツ）や、中野将伍《なかのしょうご》（サンゴリアス）、ラファエレ・ティモシー（スティーラーズ）、といった選手が務めていて、こちらはラインブレイクができて、オフロードパスにも長けたランナータイプが起用されている。アスリートタイプが多いのだ。

ニュージーランドでは、12番をセカンド・ファイブ・エイス（second five eighth）と呼ぶこともあって、これは、第二のファイブ・エイス（８分の５＝第５列）という呼称からもわかるように、12番にＳＯ的なゲームコントローラーとしての役割も与える考え方だ。中村や立川が、大学時代に10番だったことを考えると、ジャパンもこの考え方に近いと言えるだろう。

ただ、これが一般的な考え方かというと、そうとも言い切れない。

たとえばオールブラックスは、22年秋のヨーロッパ遠征で、それまで主にフルバック（ＦＢ）として起用されていたジョーディ・バレットを12番に起用している。これは、セットプレーからのファーストフェイズの推進力や、ボールキャリーで前に出ることを求めての起用だろう。つまり、ゲームコントロールの能力よりも、ランナーとしての能力を12番で活かそうという考え方ではないかと思われる。

どちらのタイプを12番で使うかは、チームの考え方で決まる。

12番に、第二のSO的なプレーを求めるのか、それともシンプルにボールを前に持っていく力強さを求めるのかは、それぞれのチームによって答えが違うだろうし、またチーム全体の顔ぶれとのバランスによっても違ってくる。どちらが正解という話ではない。

ジャパンが、12番に第二のSO的な選手を配置するのは、ボールを大きく動かすチームカラーによると考えられる。つまり、12番にどういうキャラクターの選手を起用するかは、作り上げたいチーム像と密接に関わっているのだ。

12番は、SOがSHからのパスを捕ってから動き出すのが基本。9番から10番にパスするタイミングで見切り発車のように動いてしまうと、9番からのパスがずれたり、乱れたりしたときに、ラインの構成がガタガタになってしまうからだ。10番が捕ってから動けば、そうしたリスクを回避できるし、どんな状況にも対応できるようになる。

言い換えれば、バックスの主役は常に一つ内側の選手であって、外側の選手は、自分の前にパスを受けた選手の状態を見て、どう動くかを決定する。これは、案外知られていないが、バックスプレーの重要な原則だ。

一方で、キックを多く使うチームや、フィジカルバトルを得意とするチームでは、12番にタテに走るのが得意な、力強いタイプの選手を起用することが多い。

たとえば、10番と15番にいいキッカーがいるチームならば、他のバックスの選手がチョロチョロ動くよりも、キッカーが蹴り上げたハイパントめがけて走り、捕球した相手を一撃で倒してボールを再獲得する——というようなことを考える。そういう場合は、ＣＴＢにパスの能力を求めるよりも、フィジカルの強さを求めることになる。

一方、13番には、アスレティックな能力が必要不可欠で、ちょっとしたスペースでも前に出てくれれば、それは他のバックスにとっても非常に嬉しいことになる。かつてワイルドナイツやスティーラーズで活躍した元南アフリカ代表のジャック・フーリーは、その典型といえるような選手だった。

ジャパンでは、エディ・ジョーンズＨＣ時代に、サンゴリアスの松島《まつしま》幸太朗《こうたろう》をＦＢではなく13番に起用したことが一度あった。これは、13番のアウトサイドＣＴＢにアスレティックな能力の高い選手を置くことでラインブレイクを増やすことを意図したのだと思う。

つまり、12番、そして13番にどういうタイプの選手を配置するかは、ポジションの特性もあるが、むしろそれよりもチーム全体がどういうメンバー構成で、コーチのどういう方針のもとで、どういうラグビーをやろうとしているのかに負うところが大きい。それによって、12番、13番の役割も決まってくる。

あるいは、チームにはこういうキャラクターのＣＴＢがいるから、こういうラグビーをしようと、決まる場合もある。

もちろん、どちらか一つで決まることはほとんどなく、どんなチームも、多かれ少なかれこの二つの要素を勘案しながらチームとしてのスタイルを決め、そのなかで誰を12番にするか、誰を13番にするかを決めていく。どのチームも、自分たちのチームの強みがどこにあるかを真剣に考えているから、その強みを最大限に活かせるようなラグビースタイルを構築するのだ。

イングランド代表も、これまで12番を務めてきたオーウェン・ファレルに加えて、マーカス・スミスが伸びてきた。こうなると、ファレルを10番に置けば、バックスの10番から13番までＣＴＢが３人並ぶような印象で、イングランドが原点に返ってフィジカルなラグビーをしてくるのではないか——などと、想像することもできる。

そういう意味では、12番と13番は、そのチームのキャラクターを体現する存在だと言える。だから、どんなキャラクターの選手が12番、13番に入るかに注目していれば、試合の48時間前のメンバー発表の段階から、どんなラグビーが展開されるのかを想像して楽しむこともできるのだ。

●走り屋WTBのもう一つの仕事は組織防御のディレクター？

チームの最後尾を固めるのが、11番、14番の両WTBと、15番のFBだ。

この3人をまとめて「バックスリー」と呼ぶ。

もちろん、WTBが左右のタッチライン際に立つのに対して、FBは攻守両面でどちらのサイドにも対応できるようにフィールドの真ん中にいるのが基本。だから、それぞれ違う役割を持っているのだが、現代のラグビーでは、相手のキックに対する処理などで、この3人が連動して動くケースが非常に多い。

特に、相手が蹴り上げた高いボールに対して、追走してくる相手とコンテストして（競り合って）ボールをキャッチすることができるかどうかは、この3人に共通して求められる大事な能力だ。

この能力に劣るバックスリーは、今のラグビーではポジションをとることがかなり厳しい。一度キック処理をミスすると、相手はそこを狙ってどんどんキックを蹴ってくる。そこでノックオンのようなミスを繰り返すと、味方はキックを蹴られるたびに後方に下げられて相手ボールのスクラムで始まるディフェンスを繰り返すことになるからだ。

アタックの面では、WTBはなによりもスピードが求められる。もしくはフィジカルだ。これに対してFBは、WTBほどのスピードを求められることはあまりない。その代わり、五郎丸歩《ごろうまるあゆむ》のように長く正確なキックを蹴る能力が求められる。

今のジャパンでFBとして活躍中の山中亮平《やまなかりょうへい》（スティーラーズ）も、左足からのキックや状況判断に優れている点が評価されている。

キッキングゲーム（蹴り合い）のなかでは、FBがハイパントを蹴ってWTBがそれを追う場面はよく見かけるが、WTBがハイパントを蹴ってFBが追走する場面はあまり見かけない。こうしたキックの能力も、WTBで起用されるかFBで起用されるかを分けるポイントになる。

ディフェンス面では、この3人に共通して求められるのが、広いスペースで相手と1対1になったときに、確実に相手を倒すタックル力だ。

こういう広いスペースでのディフェンスは難しく、タッチラインを上手く利用したり、味方の戻りを待ちながら守ることもある。いかに周りの力を使って守るかという高等技術が求められる。

こうした難しい状況に陥らないために必要なのが、通常のディフェンスでのコミュニケーションだ。

アタックのときに、バックスが確実にボールが欲しいことを伝えるコールがチームで決まっているように、ディフェンスでも、人数が足りないからこっちに来るように伝えるコールがある。あっさりと防御ラインを破られるような、とんでもない事態を防ぐためには、そうしたコミュニケーションが必要不可欠なのだ。

ボールから離れた位置にいるブラインドサイドのWTBも、周りの選手、特にFWに「向こうのスペースの人数が足りないから逆サイドに」とか「こっちに残ってくれ」とか、けっこう頻繁に指示を出す。ブラインド側のWTBは、タッチライン際にいる分、みんながボールの行方を見ているような状況でも、比較的冷静に周りの状況を判断できる。だから、WTBからのコールは大切なのである。こういう場合に、名指しでコールすると、熱くなっている状況でも指示に従ってくれることが多いということも言い添えておこう。

チームによって、WTBが立つ理想の位置が決まっていることも多い。

だから、WTBは、常に自分が立っている位置を気にかけている。もし、自分がその位置にポジショニングできていなければ、それは、チームのディフェンスに何か問題が生じて、人数が足りないような事態が起こりつつあることを示しているからだ。つまり、ブレイクダウンに人数をかけすぎていたり、誰かがサボっていたり、あるいは、ボールと関係のないサイドに人数が多くいるような、ピンチの芽が想定されるのだ。

FBが立つ位置は、通常はブレイクダウンから遠いから、距離がある分、指示が前にいる選手に届きにくい。だからこそ、タッチラインから15メートルくらいの位置にいるWTBの指示が大切なのである。

いわば、ディレクター的にディフェンスに立つ位置を指示して、適正な防御を構築するためのコールを発することがWTBの役割でもある。

自分が立っている位置に違和感を持てるかどうかという資質が、現代のWTBに求められる理由なのである。

第3章

ラグビーW杯をより深く楽しむ「ステップアップ観戦術」

＊

これまで、ラグビーをより深く楽しむために、ゲームの流れやポジションの特性といった基礎的な部分を掘り下げてきた。しかし、W杯という4年に一度の世界最高峰の戦いを、19年日本大会のときよりもさらに理解し、もっと堪能《たんのう》するためには、もう少しだけ掘り下げたラグビーの見方を知っておいた方がいい。

たとえば、本書のなかでもすでに出ているが、みなさんがラグビー中継を見たり、記事を読むなかで目にする「同じ絵を見る」とか「セイム・ピクチャー」といった言葉は、本当のところどういうことを指し示しているのか。

また、ジャパンが23年W杯フランス大会で同じプールDとなったチームと、どのように戦おうとするのか。そして、その戦い方にはどんなメリットやリスクが潜んでいるのか。

この章ではそうした部分に光を当てて、みなさんが感じているラグビーの楽しさや面白さ、興味深さを、さらに刺激したいと考えている。

まずは、「同じ絵を見る」とはどういうことなのだろうか――。

●「同じ絵」を見るために求められる「準備」

結論から言えば、「同じ絵を見る」ということは、要するに、グラウンドに立つ15人全員のなかで、今はどういう状況で、何を優先してプレーしなければならないのか。あるいは、今やらなければならないプレーは何か。反対に、やってはいけないプレーは何か――といった戦況に対する見方や考え方が一致することを指す言葉だ。

しかし、これをピッチの上で体現するのは、言葉で語るほど簡単なことではない。

それぞれのポジションに応じて、やらなければならないタスクはたくさんあるし、また相手がいるスポーツなので、状況は刻々と変化する。立ち止まって考えることができないのはもちろん、一瞬の判断の遅れや迷い、あるいは誤りが、失点のような最悪の結果に結びつく可能性もある。

そういう状況で、15人というチームスポーツでもっとも多い人数の選手が「同じ絵を見る」ために、さまざまな種類の準備やコミュニケーションが行われる。

たとえば、わかりやすい例を挙げると、フェイズを重ねてプレーが動くなかで相手のディフェンスの間隔が狭すぎることがある。その場合、アタック側の選手は、相手が寄り集まっている外側に、攻め落とすことが可能な大きなスペースができたと瞬時に理解する。

だから、そのスペースにボールを運ぼうとする。

ここまでは、だいたいどんなチームの選手も、見ている絵は同じだ。

しかし、では、どうやってそのスペースにボールを運ぶのか——という方法になると、これはチームによって考え方が違う。以下に、いくつかのパターンを例示してみよう。


今、ラックの外側に攻撃側の選手が6人、防御側の選手が4人いると仮定しよう。アタック側の外側にいる2人が、いわゆる「余った」状態で、そこにボールを一気に運べば大きく前進できる（左図）。

しかし、その場合でも、攻めているチームに「長いパスやキックパスを使って一気に外側にボールを運ぶのが苦手」という認識があれば、もう一度FWをタテに入れて、防御側の選手を密集に巻き込むプレーを選択するだろう。

そうやって6人対4人の状況を、パスをより確実に通すことができる4人対2人に変化させてから外側のスペースを攻める——それがそのチームのフィロソフィー（哲学）であり、特徴となるのだ。

チーム独自のセオリー、と言い換えることもできる。

6人対4人①

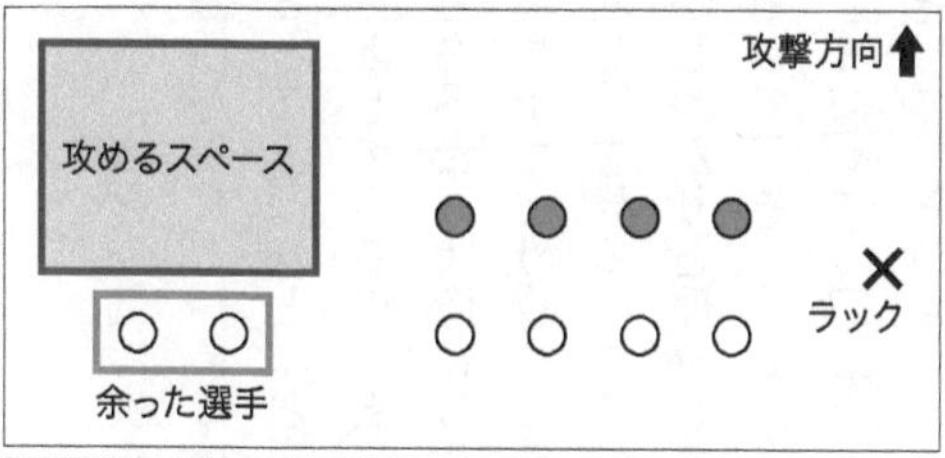
攻撃方向
攻めるスペース
ラック
余った選手

6人対4人②

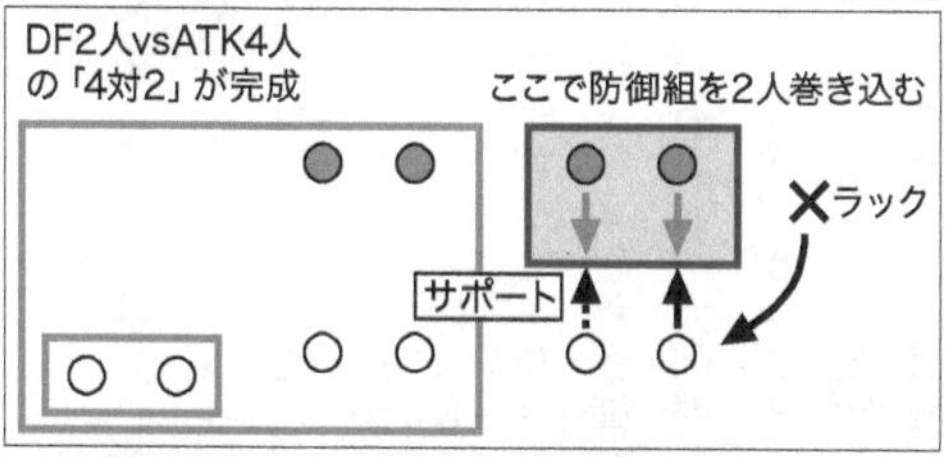
DF2人vsATK4人
の「4対2」が完成
ここで防御組を2人巻き込む
ラック
サポート

6人対4人③

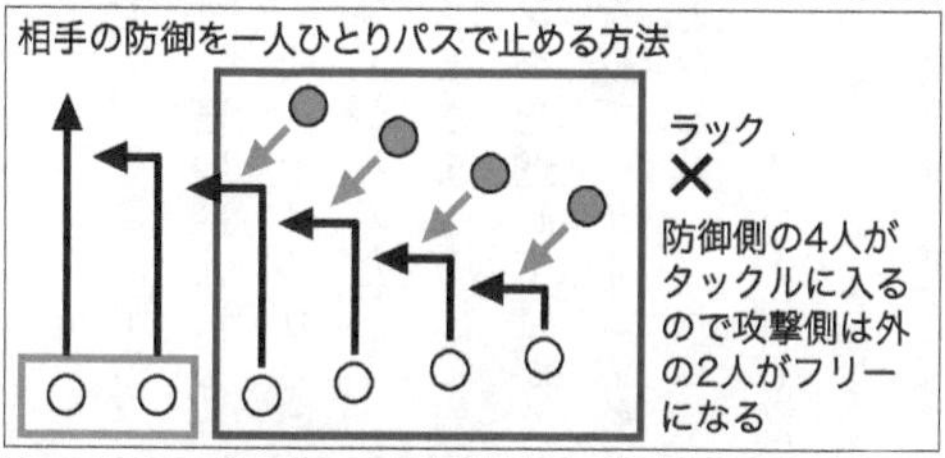
相手の防御を一人ひとりパスで止める方法
ラック
防御側の4人が
タックルに入る
ので攻撃側は外
の2人がフリー
になる

6人対4人④

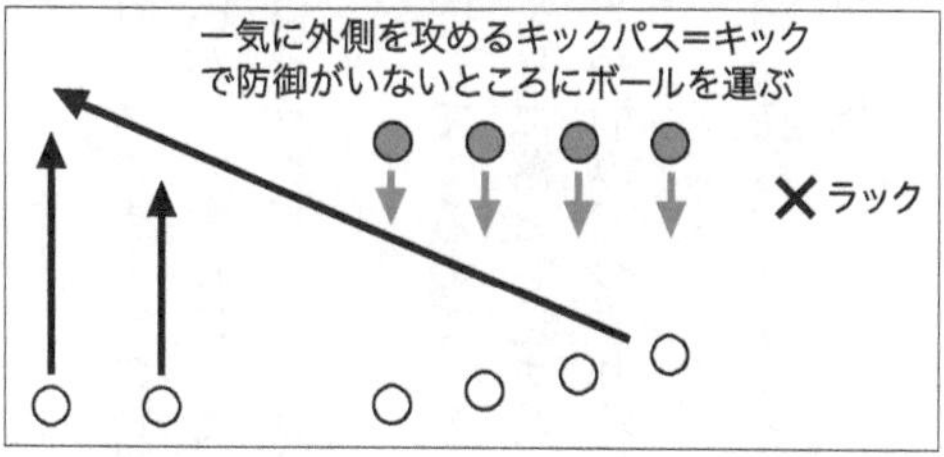
一気に外側を攻めるキックパス=キック
で防御がいないところにボールを運ぶ
ラック

チーム独自のセオリー

6人対4人の状況ならボールを一気に外側まで運んで勝負――というチームでも、たとえば短いパスで相手の動きを止めて外側の選手にボールを渡すことを得意とするチームもあれば、空いているスペースにキックを蹴《け》って直接ボールを送ることが得意なチームもある。

スペースを一気に攻め落とす発想は同じでも、そこに至るプロセスにチームの特徴であり個性が現れる。あるいは「キャラクター」と言い換えても良いが、いずれにしても意味するところはほとんど変わらない。そこに、そのチームがどういうラグビーでトライを獲《と》ろうとしているのかという「哲学」が浮かび上がるのだ。

もちろん、実際には相手ディフェンスもさまざまな方法で対応してくるので、それを踏まえた上でどう攻めるかが練習やミーティングを通じて細かく全員に落とし込まれる。「同じ絵を見る」ためには、こうした準備を経て、チームの強みや弱み、つまり特徴を全員がしっかりと理解していることが大前提となる。

そして、その前提に立って全員が「こうしよう！」と同じ認識を持ち、迷うことなく実行して初めて、「あのときは全員が同じ絵を見ていた」と言えるのだ。

そして、その「絵」こそがチームの明確な特徴＝個性となる。

23年5月20日に行われたリーグワン２０２２―23のプレーオフファイナル、クボタスピアーズ船橋・東京ベイ対埼玉パナソニックワイルドナイツ戦では、スピアーズが12対15とリードされて迎えた後半29分に、パスの名手でキャプテンのＣＴＢ立川理道がキックパスを蹴って、それを捕球したＷＴＢ木《き》田《だ》晴斗《はると》がトライを挙げ、17対15と逆転して初優勝をたぐり寄せた。

このとき立川は、「キックをするのか、（ボールを保持して）アタックするのか。全員で同じ絵を見ないといけない。これまで埼玉と戦ってきた中で、（プランが揺らいで）逆転されたことがあった。キック戦術でプレッシャーをかけ続けることが重要だと思っていた」とコメントしている（スポニチANNEX　23年5月20日）。

あの場面では、中盤からまずコンテストキック*を蹴ったことが印象的だった。ワイルドナイツに対して、負けていても戦い方を変えなかったのだ。多くのチームはむやみに攻めていこうとして、そこでのインターセプト*やターンオーバーから負けていくというのが良く見るパターンであった。しかし、スピアーズは自分たちの戦い方に徹した。まさに同じ絵を見ていたのだろう。コンテストキックを再獲得して、攻めていくなかでも、立川がパスを選択してフェイズプレーに持ち込めば、鉄壁と評されるワイルドナイツ防御にアタックを封じられるリスクがあった。それを織り込んでいたからこそ、一気にボールを運ぶキックパスを選択したのだ。

これが立川の単なる思いつきであれば木田も反応できなかっただろう。ピンポイントといってもいいようなキックパスが成功したのは、準備の段階からこういう場合にどうするかという「絵」をしっかり描いて、チーム全体で入念に練習を重ねた結果だと言える。

まさしく、全員が「同じ絵を見た」ことでトライを呼び込んだのである。

こういう成功例を離れても、このチームはこういうディフェンスをしてくるから、この場合は山なりのパスで外側にボールを運ぼうとか、このチームのディフェンスに対してはキックの方が有効だから、キックを使ったオプションを練習しよう——というように、「絵」を現実のものとするために細かい部分で詰めの作業が行われる。それが、現在のトップレベルのラグビーだ。

そこまで高いレベルに到達していない、たとえば高校や大学といったカテゴリーでは、「絵」を描く際に、コーチが教えるティーチングの割合が多くなる。だが、トップレベルでは、選手には選手で自分が得意とするプレーや、やりたいプレーがあるし、またどういうメンバーで試合に臨むのかによっても、具体的な方法は変わってくる。

だから、コーチがどういうラグビーで勝とうとするのか大枠を示して、それに対して選手たちが具体的な方法を考えて、「絵」を描くことになる。つまり、コーチが描いた大きな「絵」に対して、選手たちがコーチ陣とディスカッションしながら微調整を施していくのが、トップレベルのラグビーなのである。

コーチのキャラクターによっても、絵の描き方は変わってくる。

ニュージーランド出身のコーチには、傾向として選手といっしょにチームカラーを作って行くイメージがある。

逆に、15年のラグビーW杯イングランド大会に臨む過程では、当時のジャパンをゼロからチーム作りしていこうということもあって、オーストラリア人のエディ・ジョーンズHCが絵を描いて僕たち選手に落とし込んだ。

現在のジェイミー・ジョセフHCは、もう少し選手とコミュニケーションを交わしながら、選手たちが細部を肉づけしていくようなイメージだ。しかも、そこにトニー・ブラウンという、世界有数のアタックのコーチがいるので、細部は試合によって、またメンバーによって、どんどん変わることになるだろう。

●ジャパンにはキック多用とパス中心の二つの戦い方がある!

テレビの前で観戦している人たちにも、ひいきのチームが、今見ている試合にどういう「絵」を描いているのかを理解するヒントがある。

わかりやすいポイントの一つが、エリア——つまり、地域をどういう方法で獲得しようとしているか、だ。

たとえば、現在のジャパンには、キックを非常に多く使う試合と、ほとんど蹴らずにボールをつないで戦う試合の二つのパターンがある。

それは、対戦相手との力関係や、試合会場の気象条件など、さまざまな要素で変わってくるが、だからこそ、テレビの前にいるファンには「今日のジャパンは、どちらのパターンで戦うのかな」と推理する楽しみが生まれてくる。僕自身、いつも試合が始まる前に「今日はどちらで戦うのかな」と、考えるようにしている。

いざ試合が始まって、キックが多いパターンだった場合は、相手と競り合ってボールを再獲得するためのコンテストキックがかなりの割合を占めることになるが、その場合でも、ではそのコンテストに勝ってボールを再獲得できているのか――あるいは負けて相手にボールを渡しているのか――に注目すると、試合の様相がよりリアルに理解できる。

再獲得できていれば、そこからいい形でボールをつないでアタックができるだろう。たとえ再獲得できなくても、相手が攻めてきたときに全員がディフェンスを頑張って、相手が仕方なく蹴り返すような場面が多く見られれば、「今日はキックの戦術がいい感じだから、このままの戦い方を続けるのかな」と考えることができる。

あるいは逆に、キックしたボールを捕った相手にいいアタックをされるような場面があれば、「このままではキックを使うメリットがなくなるな」と考える。そういう場合は「では、いつキックをやめて、ボールを回し始めるのか」と考えながら見ていると、さらに試合が興味深くなる。

つまり、キックの攻防だけを見ても、そうやって試合の行方を占うことが可能になるのだ。

キックと同様に、試合を占う上で大切な指標となるのが「ポゼッション」、つまりボール支配率と、セットプレーの優劣である。

ジャパンは、23年W杯フランス大会でイングランドと対戦する。

22年秋にイングランドと対戦した際には、ジャパンは高いキックを多く使ってイングランドに立ち向かったが、蹴り上げたハイボールを再獲得できず、ボールをつないでも、イングランドのディフェンス圧力が強くて、なかなか前進できなかった。そして徐々に厳しい状況に追い込まれ、セットプレーでも圧力を受けて、状況を打開する糸口を見出《みいだ》せないまま13対52で敗れた。

だから、もし僕が解説者としてW杯での対戦を見るのならば、試合前にまず「今日のジャパンは22年と同じようにキックを使うのか、それともボールをつなぐパターンにするのか、どっちやろ」と考える。

このように、さまざまなファクターをチェックして、いくつかの仮説を立てながらラグビーの試合を見ていくと、それがミステリー小説を読むことに似ていると気がつくかもしれない。

ミステリーにはさまざまな伏線が張り巡らされていて、それがクライマックスを盛り上げるための仕掛けとなるが、ラグビーも同じで、今挙げたような「地域」、「ポゼッション」、「セットプレー」といった要素が、試合全体の物語を肉づけする伏線になっている。それを丁寧に見ていけば、試合全体の結末を推理することが可能になるのだ。

まして、推理がピタリと当たってジャパンが勝つような展開になれば、それは普通に観戦したときとは違った喜びがあるだろう。

だからこそ、こういう推理をしながらの観戦は面白い。

●相手の特徴によって「絵」の描き方は変わるのか？

対戦相手を具体的に想定して「絵」を描く際に、まず重視されるのがフィットネスだ。どちらのチームがフィットネスで優位に立っているかで、その試合に臨む絵も違ってくる。

同様に、両チームのセットプレーの力関係も、絵の描き方に大きく関わってくる。

たとえば、対戦相手が、自分たちより体格に恵まれてセットピース*が強い、それこそ南アフリカ代表みたいなチームならば、こちらはまずボールが動いているインプレーの時間を長くして、相手を疲労させることを考える。

そして、そこから逆算して、インプレーを長くするためにはどうするかを、具体的にプランニングする。

たとえばこんな具合だ。

・相手が大きいから、こちらからどんどんボールを動かして相手を走らせよう。

・でも、相手は、南アフリカのようにサイズは大きいけれども、ディフェンスをするのも好きだ。だから、ボールを動かすのはあまり有効ではないかもしれない。
・ならば、試合の最初の段階でコンテストキックを積極的に蹴って、相手のFWを後ろに走らせるように試みよう。
・あるいは、立ち上がりからリスク覚悟で一気に攻めて、どんどんボールを動かそう。
――といった形で、具体的なプランを練り、細部を肉づけしていくのだ。

これは15年W杯イングランド大会のジャパン対南アフリカ戦（34対32で勝利）に至る過程を参考にした例だが、あのときも、ジャパンは自分たちがフィットネスでは優位に立っているという前提でゲームに臨んだ。

フィットネスの優位性は、おそらく23年W杯でも変わらないだろうから、ジャパンが、どちらかというとスローな展開に持ち込みたいイングランドやアルゼンチン代表を相手に、どんな絵を描いて臨むのかを、今の例を参考にしてみなさんなりに思い描いてみるのも面白いだろう。

●僕ならアルゼンチンとこう戦う！

僕なりに、ジャパンがアルゼンチンとどう戦うかを考えると、まずアルゼンチンのＦＷが大きくて強いから、ＦＷを疲れさせるためにどうするかを考える。

できれば、インプレーの時間を長くしてアルゼンチンのＦＷを走らせたい――というのが僕の考えだ。

そのためにコンテストキックを蹴るのか、ボールを動かすのか、実際にどちらの戦術で臨むのかまではわからないが、アルゼンチンがハイボールに対してそれなりに強いことを考えると、果たしてキックを使うことになるのかどうか――少なくとも、アルゼンチンのバックスにはキック力がある選手が多いので、キックを多用する場合でも、あまり長いキックは使わないだろう。

結論としては、アルゼンチンは、自陣からあまり積極的にカウンターアタックを仕掛けるチームではないので、高いキックを蹴ってハイボールのコンテストで相手を下げるのが案外リスクが少ないと思う。

僕が、ハイボールのコンテストキックをジャパンが使うのではないかと推測するもう一つの根拠は、防御に回ったアルゼンチンのコリジョンエリア（接点）での強さが印象に残っているからだ。

彼らが、20年にニュージーランド代表オールブラックスから初めての勝利を挙げたテストマッチでは、オールブラックスの優れたランナーたちが得意のランで攻めてきても、タックルに入った接点で一歩も退《ひ》かず、むしろオールブラックスのランナーたちを押し戻して、ときにはターンオーバーやペナルティを獲得して、ゲームを優位に進めていた。

そうした防御力を考えると、たとえばジャパンがフェイズを重ねてボールを動かしたときに、強烈なタックルを食らってターンオーバーされるようなリスクが懸念される。しかも、こうしたコリジョンエリアでのターンオーバーやペナルティ獲得が起これば、アルゼンチンの選手たちは、まず間違いなく盛り上がる。ラテン気質のアルゼンチンの選手たちに、気分が沸き立つようなチャンスを与えるのは明らかに試合の流れに影響を及ぼすから、フェイズプレーでボールを動かすよりも、コンテストキックを使った方がいいように思うのだ。

もちろん、アルゼンチンとの試合はプールステージ最終戦として予定されているから、それまでの3試合の勝敗や勝ち点によって、戦い方も変わってくるだろう。プールD2位通過がかかった一戦になる可能性が高いので、勝ち点の差やトライ数など2位通過のための条件も加味して戦い方が決められることになる。

もう一つ、忘れてはならないのが「規律」の問題だ。

アルゼンチンにはエミリアノ・ボフェリという優れたプレースキッカーがいて、自陣でのペナルティは即3点に結びつくと考えた方がいい。コリジョンエリアに強いアルゼンチンを相手に、極力ペナルティを減らし、かつ彼らがディフェンスで盛り上がるような場面を作らずに戦わなければならないのだ。

しかも、22年からアルゼンチンを率いているのは、オーストラリア代表ワラビーズを率いて15年大会決勝まで勝ち上がったマイケル・チェイカHCだ。

チェイカHCが就任したシーズンには、南半球4カ国対抗ザ・ラグビー・チャンピオンシップで、南アフリカには2連敗だったが、ニュージーランド、オーストラリアとは1勝1敗と星を分けている。北半球のチームとのテストマッチでも、スコットランド代表には4試合戦って2勝2敗。W杯で同組のイングランドにはアウェーのトゥイッケナムで30対29と競り勝った。

チェイカHCによって、セットピースから事前に準備したシステマティックなプレーを繰り出してくる印象もあって、それまでの荒々しさに緻密《ちみつ》さが加わった。だから、ジャパンにとってタフなゲームになることは間違いないだろう。

ただ、基本的にはかなりシンプルな「絵」に基づいたラグビーをするチームなので、その分、対策も立てやすく、ジャパンにとっては焦点を絞りやすい試合であることも確かだ。

●二種類の絵を準備した15年W杯のジャパン

W杯では、世界のさまざまなチームのラグビースタイルを楽しむことができる。

もちろん、参加するチームのほとんどが何度もこの大会に参加しているので、それぞれのラグビースタイルは、みなさんの頭にも入っているはずだ。

そういう前提に立てば、みなさんも、そうした事前情報を踏まえて、相手がどんな「絵」を描いて試合に臨もうとするのか、ある程度は仮説を立てることができると思う。

たとえば、ジャパンと対戦するサモア代表なら、世界各国に散らばっている代表選手たちが一カ所に集まって強化する時間が少ないだろうから、セットピースはそれほど強化されていないのではないか――と考えることができる。

サモアFWのサイズが大きいからモールで押されるのではないかとか、スクラムも不利ではないかと心配される方もいると思うが、今のジャパンを崩せるほどのまとまりはないように思える。

だから、同じキックを使うにしても、ボールをタッチに蹴り出して、ラインアウトからのディフェンスでプレッシャーをかけるような、オーソドックスな戦い方が可能だろう。セットピースをそれほど怖がらなくていい分、ジャパンはいいラグビーができるのではないかと思うのだ。

サモアとは、今大会で3大会続けての対戦となる。

W杯では通算成績がジャパンの2勝1敗で、ジャパンは現在連勝中だが、初めて勝った15年大会では、エディさんが「ストラクチャー・プラス」というキーワードを掲げて、サモアが得意な、攻守の陣形が崩れたアンストラクチャーな状況を作らないように僕たちに徹底した。つまり、ジャパンはセットプレーを中心としたストラクチャーに基づいたラグビーに徹したのである。

ちなみに、このときは同組の強豪、南アフリカとスコットランドには逆に「アンストラクチャー・プラス」というキーワードを掲げて、彼らの強みであるセットプレーを中心としたスローな展開に持ち込ませないよう、プランが徹底された。こちらは、インプレーの時間を長くするために、同じキックを蹴るにしても、タッチに出すのではなく、ボールを動かしてからコンテストキックを蹴るようなプランだった。もちろん、カウンターアタックもミスなく遂行できるよう入念に準備を重ねた。

このように、15年大会では、対戦相手の強みと弱みを考慮しながら二種類の絵を描いて、それぞれの絵に基づいた準備を入念に行った。それが実を結んだからこそ、ベスト8進出はならなかったが、3勝1敗という成果を得られたのである。

●相手のキープレーヤーを封じ込めるにはどうするか

今回ジャパンが2試合目に対戦するイングランドには、オーウェン・ファレルやマヌー・トゥイランギなど強力なCTB陣がいる。

こういう相手のキープレーヤーを封じるために、ジャパンはどういう対策を立てて臨むのだろうか。

まず誰もが考えるのが、同じように強い選手をトイメンに起用して対策とすることだが、これが成功するかどうかは微妙なところだ。

なぜなら、相手のアタックはその選手1人によるのではなく、チーム全体で連動して仕掛けてくるからだ。特定の選手の前に強いトイメンを立てても、ゲーム全体から見れば、それほど効果的ではない。

それよりも大切なのが、セットプレーで圧力をかけることだ。

たとえば、ファレルをマークするなら、ラインアウトでまずプレッシャーをかけて彼にいい形でボールを渡さないようにする。スクラムからも同様で、しっかり押し込んで、ディフェンスするジャパンが優位に立てるようにプレッシャーをかける。

もっとシンプルに言えば、どんなに強い選手でも、ボールを渡さなければ怖くない。だから、そうするためには何が必要かを考えるのだ。

相手のＣＴＢにトゥイランギのような強い選手がいる場合に話を戻すと、セットプレーからそういうＣＴＢが狙ってくるのはこちらのＳＯだ。だから、ＳＯを隠す。つまりＳＯをディフェンスの最前線に立たせないという方法もある。

15年大会では、相手ボールのスクラムのときにリーチ マイケルをＳＯの位置に立たせて、10番を務めた小野晃征《おのこうせい》や田村優をスクラムに入れるようなこともやった。あるいは、ＦＢがＳＯの位置に入って、ＳＯが下がるという対処法もある。

個人的には、どんなに強い選手が相手にいても、その選手がタテにまっすぐくるタイプならば、前にリーチを立たせておくのは変わらず有効である。ＦＷとしてはスクラムの負担が増すので、スクラムの優劣次第だが、相手はリーチを避けて、バックスでムーブを仕掛けてくるかもしれない。でも、それはそれでバックスで対処するしかないし、少なくとも強い選手のタテという恐れていた部分は回避できたことになる。

ラグビーのように状況が刻々と、かつ複雑に動くゲームでは、状況に応じてその場その場で最適な「解」を見つけなければならない。これをやっておけば大丈夫、みたいな正解はないと考えた方がいい。だから、準備の段階から、さまざまなことを想定して練習するのだ。

スクラムでリーチを10番の位置に立たせるのも、試合中にぶっつけ本番でやっては混乱を招くだけだから、当然、そういう想定の練習を重ねた。これは9月開幕を見据えて、確か7月くらいから練習を始めたように記憶している。

こうやって、相手の意図を察して対策を立てることも、準備のなかには含まれる。

それでも、強い選手に対する対策の基本は、いかにその選手にいい形でボールを持たせないかに尽きる——と、僕は考えている。

●想定外の事態に一喜一憂しないのがプレーヤー目線の考え方

W杯のような大きな大会では、ファンのみなさんは会場で、あるいはパブリックビューイングのような場所で、あるいはテレビを見ながら、トライに歓声を上げ、失点すると落胆のため息をもらして、大いに試合を楽しむと思う。

一つひとつのプレーに一喜一憂しながら試合を楽しむのは、ラグビー観戦の醍醐味《だいごみ》だ。だから、いいプレーには拍手を送ってもらいたいし、劣勢のときは懸命に声援を送って欲しい。

しかし、ピッチに立っている選手はそうした一つひとつの結果に、一喜一憂し過ぎない。もちろんトライが生まれれば嬉《うれ》しいし、ピンチになれば気が引き締まるが、一喜一憂する以前に、「なぜ、そういう事象が起きたのか」を考えて、それを解決するためのソリューションを見つける必要があるからだ。

実際、ラグビーでは、ゲーム中にさまざまな想定外の事態が起こる。

高校ラグビーでよく見られる、ラインアウトからモールを組もうとしたら相手がモールに入らず、どうすればいいのか戸惑うようなこともあれば、相手のコミュニケーションミスでラインブレイクが生まれることもある。こういうラインブレイクでは、練習で想定していたよりもずっと前に出られるために、逆にサポートが遅れて相手にボールを奪われるようなことも、わりとよく起こる。

この場合は、プレーが切れたときに、ボールキャリアがもうひと踏ん張りできなくてボールを奪われたのか、それともサポートが遅れたのかなど、素早く原因を考えてそれを指摘する。

僕自身、ブレイブルーパスでプレーしていたときに、ワイルドナイツでSOをやっていたベリック・バーンズを狙ったアタックを準備して、ラインアウトでFWにオールメン（7人）で並んでもらったにもかかわらず、ワイルドナイツがFWを5人しかラインアウトに並ばせず、残る2人がバーンズを守るようにラインに入っていて驚いたことがあった。

そういうときには、そのままオプションを続行するか、それともラインアウトで人数的な優位に立っているからFWにモールを押させた方がいいのかを、瞬時に決断しなければならない。

つまり、プレーヤーはどんな状況に対しても、一喜一憂することなく、瞬時にソリューションを見出そうとする。これが、プレーヤーの目線だ。


たとえば、ジャパンがスクラムで劣勢に立っている試合を想定してみよう。

そのとき、プレーヤーが考えるのは、まず「スクラムを減らすこと」。だから、相手がノックオンをしても、そこでゲームを切らずに、必死にボールを拾ってそのままアタックに転じようとする。もちろん、自分たちのハンドリングエラーも極力減らそうとする。

そのために、ハンドリングエラーにつながるようなリスキーなプレーを控える。

無理なオフロードパスを試みるのではなく、迷ったら無理をしないでラックに持ち込み、歯を食いしばってサポートを続け、次のチャンスをうかがう。

もう一つ、どの地域で戦うかも大事なファクターだ。

スクラムが劣勢なのに自陣22メートルラインのなかで無理なアタックを試みて、もしハンドリングエラーをすれば、次のスクラムでペナルティをとられてPGでの3失点につながりかねない。そればかりか、ペナルティを起点にしたラインアウトモールでトライを奪われるリスクまである。

こうなると、たとえトライを防げたとしても、FWは肉体的に激しく消耗する。チームにとって良いことは起こらないのだ。

だから、そういう場合にバックスやゲームリーダーは、キックを使ってエリアを前に進めることを考える。

相手陣で戦っていれば、たとえスクラムでペナルティをとられても、それがそのままPGにつながる心配はないし、次のラインアウトからのディフェンスを頑張ろうと気持ちを切り替えることもできる。

　要するに、相手の脅威が最大化しないようにするにはどうすればいいか――ということを、劣勢に立つチームは考え続けているのだ。

　ラインアウトで劣勢のときも考え方は同じで、並ぶ人数に変化をつけたり、首脳陣が選手を入れ替えて対策を講じる。それでもどうしても獲得率が上がらないような場合は、相手のタッチキックを捕ったところからクイックスローでゲームを再開したり、ペナルティを獲得したときにはタッチではなくスクラムを選択したり、あるいはタップキックから早く仕掛けたりして、ラインアウトの回数を極力減らそうと試みる。

　相手に強みを発揮させないのと同じように、自分たちの弱みも、あまり相手に見せないようにするわけだ。

　ラグビーでは、ペナルティをもらったときに、キックを蹴ってマイボールのラインアウトにするだけではなく、スクラムを選択したり、タップキックから仕掛けたり、さまざまな代替案が考えられる。先ほどのスクラムが劣勢なチームの例で言えば、ラインアウトで相手がノットストレートをしたときに、スクラムではなくマイボールのラインアウトを選択することができるし、逆にラインアウトが劣勢ならばスクラムを選択するオプションもある。

リーグワンやＷ杯で戦うようなトップレベルのチームは、自分たちはこうするという方法だけではなく、それがダメだった場合の代替案まで含めて準備をする。プランＢどころか、プランＣ、プランＤ……と、いくつも用意しているのだ。

ゲームを見るときに、少しだけこういうプレーヤー目線の考え方を思い出してもらえると、ラグビーの奥行きが伝わり、さらに観戦が面白くなるように思う。

Ｗ杯のような大きな大会では、勝負の行方が気になってとてもそういう気持ちにはなれないかもしれないが、一度ジャパン戦以外の試合で試してみてはいかがだろうか。

●いい練習が選手の知性を研ぎ澄ます

このようにラグビーのプレーヤーは、常に頭を働かせて状況を判断し、仲間とコミュニケーションを取り合いながら、ゲームを進めていく。

ラグビーが知的なゲームである所以《ゆえん》だ。

といっても、すべての判断や決断は瞬間的に下さなければならず、机に座って勉強しても、こうした判断力やゲーム理解を養えるわけではない。

では、どこで選手たちは「知性」に磨きをかけているのか――。

答えは「練習」である。

もっと言えば、「いい練習」が、選手たちの知性を研ぎ澄ますのだ。

僕がいたときのジャパンでは、15年W杯に向かう過程で、攻撃側15人対防御側20人という設定のアタック練習に取り組んだことがあった。エディさんはいつも「カオス（混沌《こんとん》）」と呼んでいたが、これだけ人数が違えば常に防御側が有利だから、攻撃側は、どうすれば相手を一カ所に集めてスペースを作り出せるか、どうやってオーバーラップを作るのかを考えながらアタックせざるを得ない。防御側も、自分たちに与えられた有利な状況を常に活《い》かし続けるにはどうすればいいかを考えることになる。

こういう環境で、状況判断力が養われるのだ。

いい練習というのは、必ずしも肉体的に負荷が大きい練習を指すのではない。目的が明確で、それに沿ってメニューが考えられた練習のことを「いい練習」と言うのだ。

たとえば、「今日は確認」とコーチが言って、確認を目的とする練習ならば、特定のプレーやチームの動きを確認できれば「いい練習」になる。肉体的な負荷が大きい必要はない。ただ、そのなかで目的にしたプレーが「できなかった」場合は、なぜできなかったのか。事前のミーティングで確認すべきことが明確ではなかったのか。練習時間が短すぎたのか。メニューの順番がおかしかったのか――といった「なぜ」の部分をしっかりと検証する必要が出てくる。

もちろん、いつも目的を１００％達成できる練習ばかりではないから、その場合は「じゃ、あとでもう一度ミーティングを行って確認を徹底しよう」とか「明日の練習の最初に20分間だけ、もう一度ここを確認しよう」というようにすぐに修正を図る。

反対に、試合以上に強度を上げてバチバチ当たり合うことを目的にする練習ならば、当然当たりも負荷も大きくなる。

肉体的にシンドイ状況での意思決定や判断力を磨くのが目的ならば、それこそカオスな状況を作り出せばいい。そのなかで、プレーが成功すればもちろん最高だが、たとえ成功しなくても、全員が「同じ絵」を見てプレーできたか、きちんと全員が意思決定できたか、といったことが見られれば、いい練習になる。

チームには週ごとや月ごと、年間の練習のプランがあるが、そのプランに従って今日は何を目的に練習をするのか。その目的に対して適正なメニューが組めているのか。選手が良い状態で練習に取り組めているのか。さらに、練習後の栄養補給や休養・睡眠がきちんととれているか——といったことまですべてが上手《うま》くいって、「いい練習」となるわけだ。

練習は、必ずしも相手のことばかりを考えて行うのではない。

チームとして、「どんな相手に対してもベストを尽くすこと」を大切にしているのであれば、試合に勝ち続けていようが負けが込んでいようが、ベストを尽くすことがチームとしての「当然のこと」。もちろん、負けが続くと悔しいし、ため息をつきたくなることもあるが、練習で日々頑張るか頑張らないかは、本来は相手とはまったく関係のない自分たちだけの問題だ。

基本的にトップチームは自分たちにとっての大切なことを、練習を通して日々形作るからこそ、それを披露するために試合を頑張る——というスタンスでいる。そういう意味では、すべてのトップチームが、練習では常にベストを尽くすことを大事にしているのだ。

そういうチームになるためには、チームとして掲げる「大義」が大切だと思う。

優勝するとか勝ち負けも、もちろん大切なことだが、そういう外的な要因に左右されるようなチームは、本質的には強くないのではないか、と僕は考えている。

たとえば、「一部昇格」を目標に掲げているチームを仮定してみよう。

このチームに、もし一部に昇格してどうなりたいのか——といった大義がなければ、入替戦に敗れて一部に昇格できなかったときには、チームの基盤が揺らぐ危険性がある。目的が「一部昇格」に限定されると、ではなんのためにラグビーをやっているのか、といった部分が見失われてしまう危険性があるのだ。

そうではなく、「一部に昇格して日頃からサポートしてくれているファンのみんなに喜んでもらいたい」とか「地域の人たちから応援されたい」といった、「勝ちたい」を超えた内的な目的があれば、結果にこだわることなくベストを尽くすことができるように思う。

なによりも大切なのは、自発的で内的な、内なる目的を普段からどう作り上げるか、だ。

そして、そういう内的な目的がチーム全員に共有されていれば、たとえ負けが込んで苦しい状況に立たされたとしても、大義がチームを支える柱となる。こういう組織作りにオフシーズンからきちんと取り組んでいるチームは、シーズン中に一時的に負けが込んでも、そのなかで自分たちに今できることは何かを考えて、前向きなマインドを保つことができるのだ。

逆に言えば、そうした柱がないと、「もう勝てねえや」とか「どうせ次も負けるだろ」

と、相手や外的なことばかりに気を取られて、チーム状況がどんどん苦しくなっていく。もし仮に、コーチがあまり良くなくて成績が不振だったとしても、基盤がしっかりできているチームならば、選手たちは、コーチをどうするかではなく、まず今の自分たちに何ができるかを考えるだろう。

だからこそ、外的なものではなく、内的な大義を練習で形作るのが大切なのである。

それに、自分たちが大事にしているものがチーム全員に共有されていれば、たとえ試合に負けても、何が悪くて上手くいかなかったのかを共有できる。実際にプレーする上で苦しい状況になっても、自分たちはどうすればいいのかという原点に立ち返ることができる。だから、さほど時間をかけずに修正が可能になる。

これは、ラグビーだけではなく、仕事や人生についても言えることだと僕は思う。

●見失いかけた「大義」を取り戻したミーティング

実は、15年のW杯イングランド大会に臨んだジャパンにも、目標が目の前の勝ち負けに集約されて、「大義」を見失いかけた時期があった。

僕は12年にエディさんからジャパンのキャプテンを任されたが、当時「こういう役割を求めている」と言われたことは一度もなかった。僕としては、今までの言動やプレーを見て任せてくれたのだろうと考えて、ジャパンでも、その延長線上でチーム作りをしようと思っていた。

ラグビーについては「ジャパンウェー（Japan Way）」という言葉でオリジナリティを持った路線が敷かれていたから、僕としては新しいラグビーを作ることを楽しもうと思っていた。そして、まず「お互いを知る」ことと、「みんながチームを好きになる」ことの二つをチームに定着させようと考えた。チームに対する選手たちのローヤリティ（忠誠心）を高めたかったからだ。

12年４月に静岡県掛川《かけがわ》市での合宿でチームがスタートしたときには、朝から晩まで１日に４回練習をする「４部練」で鍛えられて、ほとんど何も考えられないような状態だったが、その年の秋のヨーロッパ遠征がきっかけになってチームは結束した。

11月10日に、ルーマニア代表とのラスト10分を切っても24対23という接戦を、終盤にトライ&コンバージョンとPGで34対23と突き放して勝ち、翌週の17日には、ジョージア代表に、22対22で迎えた終了直前に小野晃征が劇的な決勝ドロップゴール（DG）を決めて25対22と勝利した。

ルーマニアにはこれがアウェーでの初勝利で、気持ちが盛り上がったところに、スクラムがメッチャ強いジョージアとのテストマッチもなんとか粘って勝ち切った。

内容的にも、ジョージア戦では決勝ＤＧに至る過程ですごくいいアタックができて、自分たちのラグビーが通用する手応《てごた》えをつかんだ。特に、ジャパンのアタックに、ジョージアの防御が混乱する様子を見て、自分たちのアタックの優位性を肌で感じることができた。最初のシーズンの締めくくりとしては最高の形だったし、この二つの勝利が、チームを一つにする上でも、非常に大きかったのである。

翌13年には、秩父宮ラグビー場でウェールズ代表を23対8と破り、記念すべき初勝利を挙げて、自分たちのラグビーに「これでいいんだ」と自信を深めた。

そして、迎えた3年目の14年。

キャプテンが僕からリーチに代わった。

このときのリーチは、あくまでも「バトル重視」で、目の前の試合にとにかく勝つことを優先するキャプテンだった。僕のように「なんのためにジャパンで戦うか」といった目的や長期的な視点というより、勝負を重視する姿勢を貫いたので、選手たちも自然に目先のコリジョン（接点での戦い）に集中するようになった。それもあってか、ジャパンは13

年秋のロシア代表戦から、14年6月21日のイタリア代表戦までテストマッチ10連勝という結果を残している。

でも、「なんのために戦うか」という部分を、リーチ自らが語ることがなかったので、みんなが勝利の先にあるものを夢見て頑張る――という雰囲気は薄れたのではないか。だから、秩父宮でイタリアから初勝利を挙げたときも、その前の年にウェールズを破ったときほどの昂揚感《こうよう》はなかった。勝利が当たり前になってきたこともあるが大義が少し薄れたからではないだろうか。

そうした勝負重視の空気のなかで始まった夏合宿の最中に、リーダーグループでミーティングをしたことがあった。テーマは、「どうやったらオレらもっと注目されるんやろ」だった。

そこで堀江翔太が言った一言を僕はよく覚えている。

「もっと、チヤホヤされたいよな」と言ったのである。

そして、それがきっかけとなって、ミーティングは「そうだよね、だから頑張らないとアカンよね」という方向に進んだ。その展開が、僕にはとても嬉しかったのだ。

やっと勝利の先にあるものが、チームの話題として戻ってきたと感じられたからだ。「チヤホヤされたい」という言葉を、堀江がどういう気持ちで出したのかはわからないが、それは、僕には「みんなにあこがれられる存在になりたい」ということとイコールに聞こえた。もともと大切にしていた考えが、また新しい言葉になって戻ってきたように思えて嬉しかったのである。

当時は、テストマッチで結果が出ている以上、エディさんもそうした目的について触れることはなく、むしろ「トップ10に入る！」と繰り返し強調するような状態で、どうしてもチームが目の前の勝利にフォーカスするようになっていた。

そこで堀江が勝ち負け以外の目的を口にしてくれた。

その結果、もう一度「あこがれられる存在になる」ことを大事にしてチームを作っていこうということになったのである。

しかも、その年の最後のテストマッチとなったジョージア戦では、スクラムを粉砕されて24対35と敗れた。これも悔しい敗戦だったが、今思えば「自分たちは強い」と思い始めたところで鼻を折られて良かったのかもしれない。そこからまた「もう一度頑張ろう」という気持ちになれたのだから。

この時期は、僕自身にもキャプテンを離れてさまざまな葛藤《かっとう》があったし、選手たちも、練習はきついし、エディさんはムチャクチャ厳しい。小さなフラストレーションをみんな抱えていた。

ただ、そのなかでチームがおかしくならなかったのは、選手同士の人間関係、つまり仲間がすごく良かったからだと思う。

僕自身も、五郎丸歩や立川理道と仲が良かったのでいろいろと助けてもらったし、田村優もたまに「大丈夫すか？」と声をかけてくれた。逆に僕も、福岡堅樹や藤田《ふじた》慶和《よしかず》、村田《むらた》毅《つよし》といった若い選手たちに、「いろいろ大変だけど頑張ろうな」と声をかけた。

そうやってなんとか困難な状況を克服するレジリエンス（回復力）を保っていたのである。

だから、Ｗ杯の試合に出るために仲間を蹴落とすといった方向に力が働くことはまったくなかったし、逆にエディさん対策という意味で、それぞれの立場に応じてみんなが仲間をさりげなくサポートしていた。

意識していたのは「お互いに良くなろうぜ」ということで、そういう態度をカッコいいことだとみんなが信じていた。

当時のジャパンに選ばれた選手たちは、チームが強化される過程でさまざまな辛《つら》い思いをしてきたから、その困難な状況を生き残った仲間として、お互いのことをリスペクトしていた。だから、日常的な小さないさかいはあっても、それが大事《おおごと》になることはなく、仲間をリスペクトして助け合うカルチャーがチームに根づいたのである。

W杯本番の南アフリカ戦に良い精神状態で臨めたのも、そういう3年間を過ごした結果だと僕は思う。

もちろん、事前にジャパンが南アフリカに勝つと予想した人は少なかっただろうし、僕たちもまた、「勝てる」とまでは思っていなかった。ただ、「勝てるかどうかわからへんけど、やることやるだけや!」という気持ちにはなっていた。試合である以上勝ちたいのは当然のことだが、勝つことを考える前に、まず自分たちが積み重ねてきたものをすべて出し切って、4年に一度のお祭りを楽しもうという気分に近かったのである。

それが、34対32という金星直前の僕たちの偽らざる気持ちだった。

●チームの文化はそのチームを動かすオペレーティング・システム

試合も、さまざまなことを学ぶ絶好の機会だ。

特に、テストマッチのような厳しい試合は、さまざまなことを学んで経験値を増やすのに最適な機会だ。単に勝った負けたではなく、何が原因で上手くいったのか。あるいは、何が原因で上手くいかなかったのか。そうしたことを、それこそ肌身にしみて学ぶことができる。それが厳しい試合を戦う意味である。

試合だけではなく、映像をみんなで見て、ミーティングを通して学ぶこともある。「この点差、この状況で、この意思決定は正しかったのか」といった振り返りや、お互いの意見をぶつけて意思統一を図る。

一方でラグビーがスポーツである以上、やはり体感しないとわからない部分はたくさんある。人間である以上、実体験はとても大事だ。でも、そんな体験を、後から言葉にして整理して頭に落とし込む作業があって、選手たちの頭も整理され、身についた知識となっていく。

だから、練習や試合といった実践と、ミーティングのような座学とは車の両輪のようなもの。どちらが欠けても、上手くはいかないだろう。

この章の冒頭で述べた「同じ絵を見る」ことも、実はこの話とつながっていて、同じ絵、つまりチームのストラクチャーや強み、個性といった部分がしっかりと明確化されていれば、実際のゲームで上手くいかない状況が続いても、そこに立ち戻ることができる。

たとえば、準備してきたプレーが上手くいかないときに、「こういう状況でのメインのオプションは？　ランか、パスか、キックか――オレたちの強みは何か」と、全員が思い浮かべることができれば、状況を改善するためのオプションを見つけやすいし、チームで共有されやすい。

簡単に言えば、みんなが「ああ、こうなったらキックだな」とすぐに思い浮かべられるようなチームは、どんな状況でもそれほど混乱しないのだ。

少し話がそれるが、僕がラグビーチームの講演などで質問を受けると、よく高校生や大学生から「サインプレーを教えてください」と求められることが多い。

でも、これまで述べてきたように、僕らが「スペシャルプレー」と呼ぶプレーは、まず自分たちの強みと弱み、相手の強みと弱みといった分析があって、その土台を踏まえている。しかも、その土台の多くの部分は、自分たちがどういうチームでどういうラグビーをやりたいのかといった本質的な自己認識、つまりチームのカルチャーに基づいている。

そうした土台を作ることもせず、ただただ選手の動きを形だけ真似て練習しても、実戦で少し想定が狂えばプレーそのものが狂ってしまう。

だから、サインプレーを覚えるよりも、スペシャルプレーが自然に浮かんでくるような文化をチームに根づかせることの方が大切なのである。

チームの文化とは、たとえて言えばパソコンに搭載されたオペレーティング・システム（OS）みたいなものであり、OS＝同じ絵に基づいた「こういう場合はオレたちはこう戦う」という原理原則が一人ひとりにインストールされていれば、どんなに苦しい状況に立たされても、チームの方向性がおかしくなることはそうそうないのだ。

●文化の構築が強いチームを作る

チームのなかには、さまざまな個性の選手たちが集まっているが、一人ひとりの心に同じ絵がインストールされていれば、個性の違いを認めた上で、上手くチームを機能させることが可能になる。

そのために大切なのが、月並みだが「仲が良い」ことだ。

一人ひとりが「この人たちといっしょにラグビーをやりたい！」と思っていれば試合で

力を発揮するし、一人ひとりに「オレはここで貢献していきたい」という気持ちを持てるような役割を与えられれば、そうそうチームはおかしくならない。

リーダーにとって、メンバーの一人ひとりがチームを心地よく感じてくれているかどうかは、非常に大事なことなのである。

一人ひとりのキャラクターについても、チーム内に「この人は実は、繊細だ」とか「こういうキャラなんだ」という共通理解があれば、リーダーも声をかけやすい。

たとえば、性格的に少し慎重な選手には、「結果を気にせんでエエ」とか「タックル外されても誰かがカバーするから気にするな」といった言葉をかける。評価や結果を気にし過ぎている場合には、たぶん、本人は失敗することに対して怖れを抱いている。

「タックルを外されるかどうかは相手もあることだから結果はわからないけど、一所懸命行くか行かないかは自分次第やで」といった感じだ。

リーダーとしても、一所懸命タックルに行ったのならば、タックルに行った選手が外されても全然否定しないし、責めることもしない。

ただ、選手がタックルに行かなかったときは、行かなかった理由が何かあるのではないかと考える。試合の最中には時間がないから「次、頼むで！」と声をかけるくらいだが、終わってから本人に理由を聞くこともあれば、「なんで行かなかったんだろう？」と自分で考えることもある。タックルに行きたくない理由や行けなかったきっかけを、こちらが作った可能性もあるからだ。

たとえば、もしかするとチームの目的に共感できない部分があって、それでタックルに行かない、などの場合である。そうやって、問題の本質を理解して解決できれば、それでまたチームは一つレベルアップできるのだ。

普段はタックルに行く選手が、行けるのにもかかわらずタックルに行かなかったような場合は、その行為がチーム状況を反映している――と考えることもできる。こうなると、リーダーとしては、さまざまなことを考えてしまう。

たとえば、人間関係の濃さが以前よりも薄まっているのかなとか、試合に対するモチベーションや意味について、僕の方からもっと上手く声をかけていればやる気になってくれたのかななどと、さまざまな原因を思い浮かべてみるのだ。

あるいは、格下のチームが相手だった場合は、その選手が、「なんでこの相手にベストを尽くさないといけないのか」と考えていることだって視野に入れてみる。

「よし、やるぞ！」という気持ちを作れず、中途半端なマインドで試合に臨んで上手くプレーができなかった選手がいたとすれば、それは半ばリーダーの責任でもある。だから、逆にリーダーである僕が、相手を上手くリードできなかったことに対してすまない気持ちになるのだ。

選手は、基本的にはピュアなので、相手が強いときは誰に言われなくても気持ちの準備を整えられるが、「この相手にはこっちが有利だな」と思うような状況のときに、どうやって駆り立てるものを作るのか——これが意外に難しい。

だからこそ、外的なモチベーションではなく、「なんのためにラグビーをやっているのか」「オレたちはどんな存在なのか」といった価値観を含む、内的な目的、モチベーションが非常に大切なのである。

もちろん、リーダーも、1週間だけいいことを言って選手を駆り立てようとしても上手くはいかない。シーズンがスタートする前から信頼を積み重ね、ラグビーのグラウンド以外の部分でもリーダーシップを発揮できているかどうか——そういった普段の姿が説得力を持って初めて、チームの内的なモチベーションに対して働きかけることができるのだ。

だから、リーダーがリーダーシップを発揮できる状態は1日で築けるものではない。

そういう姿勢を貫いたチームのリーダーが日々体現して、選手に浸透していくと、クラブのカルチャーになっていく。

03年にジャパンラグビートップリーグがスタートして以来、23年のリーグワン終了まで19シーズン（19～20年度はパンデミックの影響でリーグ不成立）で優勝を遂げたチームは、23年に初優勝を遂げたクボタスピアーズ船橋・東京ベイを加えても、わずかに5チームだけだ（他に埼玉パナソニックワイルドナイツ、東京サントリーサンゴリアス、東芝ブレイブルーパス東京、コベルコ神戸スティーラーズ）。これは、長期的な計画に基づいてウィニング・カルチャー＝勝利の文化を築いたチームでなければ、真の強豪とは言えず、またチームがずっと勝ち続けることもできないということを暗示している。

初優勝を果たしてウィニング・チームの一員となったスピアーズも、フラン・ルディケHC―立川理道キャプテンの体制で、7シーズンという長い時間をかけてチームの文化を築いてきた。だからこその初優勝なのである。

ラグビーに番狂わせが少ないと言われるのも、おそらくは、こうしたカルチャーの問題が成績と深く関わっているからだ――と、僕は考えている。

第4章　ラグビーW杯フランス大会はこうなる

＊

4年に一度開催されるラグビーの祭典、W杯フランス大会が23年9月8日に開幕する。前章で述べたように、9月から始まる今回のW杯では、ジャパンはプールDに入り、チリ代表（9月10日）、イングランド代表（17日）、サモア代表（28日）、アルゼンチン代表（10月8日）の順に戦い、前回大会に続いてのベスト8進出、さらには「その先」を狙っている。W杯に向けた最後のテストマッチシリーズが始まる前の世界ランキング（23年6月10日時点＝以下ランキングはすべてこの時点のもの）では、チリが22位、イングランドが6位、サモアが12位、アルゼンチンが8位、そしてジャパンが10位だ。ランキングからも、各チームの実力が伯仲していることが見てとれる。

大会での日程も、W杯を戦う上では非常に重要だ。

僕がジャパンのメンバーとして臨んだ15年W杯では、初戦の南アフリカ戦から次のスコットランド戦までが中3日しかなく、それが敗因とは言わないが、強豪南アフリカに34対32と劇的な逆転勝ちを収めたジャパンが、スコットランドには10対45と涙を呑《の》んだ。

ところがフランス大会では、ジャパンは、ホスト協会として臨んだ前回の日本大会に続いてそのような変則日程から解放され、もっとも短い試合間隔がチリ戦からイングランド戦までの中6日と、余裕のあるスケジュールで戦うことができる。

世界的に期間を空け、公平にする傾向があることはもちろん、日本大会で8強入りを果たして、世界にラグビーのトップ国として認められたことが影響しているのかもしれない。

●W杯準々決勝でジャパン対オーストラリアの〝因縁対決〟が実現？

さて、みなさんの関心は、ジャパンがどんな成績を残すかに集中していると思うが、W杯を前に、参加チームのいくつかでコーチの人事について動きがあった。

なかでも注目は、15年W杯終了後からイングランド代表のHCを務めていたエディ・ジョーンズが、22年秋のオータムネーションズシリーズでの成績不振を理由に職を辞し、その後、母国オーストラリアの代表HCに就任したニュースだろう。

エディさんが、15年W杯イングランド大会に至る過程でジャパンを徹底的に鍛え上げ、それまで1勝しかしていなかったチームが、優勝候補の南アフリカを破ったのにとどまらず、3勝1敗と好成績を残したのは誰もが知るところ。

イングランドのHCとしても、今や世界を代表するLOとなったマロ・イトジェを始め、

SO／CTBマーカス・スミスに至るまで、さまざまな選手を育てた。19年大会では準決勝でニュージーランド代表オールブラックスを破り、南アフリカに敗れて優勝こそならなかったものの、チームをファイナリストに導いた。

僕も選手としてエディさんが指導したジャパンに選ばれていたので、その手腕や性格はよく知っている。当然、日本のラグビー事情にも詳しく、フランス大会では、そんなエディさん率いるイングランドと、ジェイミー・ジョセフHC率いるジャパンとの対決が注目を集めていた。ジャパンにとって、大きなやり甲斐《がい》があると同時に、非常にやりづらい試合になることは必至だったからだ。

ところが、エディさんがオーストラリア代表HCとなったために、直接対決がなくなった――と思われたが、大会の試合スケジュールを見ると、ジャパンがプールDを2位通過して準々決勝に進んだ場合の対戦相手はプールC1位チームとなっている。そして、プールCには、ウェールズ代表（9位）、オーストラリア代表（7位）、フィジー代表（13位）、ジョージア代表（11位）、ポルトガル代表（16位）の5チームがいて、ウェールズが23年初頭に行われたシックスネーションズで5位と不振を極めたこともあって、オーストラリアの1位通過が有力視されているのだ！

つまり、あくまでもジャパンがプールDを2位通過するという前提ではあるが、10月14日に予定されている準々決勝の最初の試合で、ジャパンがエディさん率いるオーストラリアと直接対決――という可能性が出てきた。

そして、ジャパンが勝てば、史上初めての4強入りを果たすことになる。

W杯を観戦する楽しみがまた一つ増えた、と僕は思っている。

●ジャパンの新しいヒーロー候補は誰だ?

ところで――最近のジャパンで気になるのは、失点が増えていることだ。

22年秋のテストマッチを振り返ると、イングランドに52失点、フランス代表（2位）には35失点（17対35）だ。新型コロナウイルスのパンデミックで20年に予定されたテストマッチが全試合中止になるなど、強豪国に比べてテストマッチの試合数が少ない影響もあるとは思うが、19年W杯での最多失点は、南アフリカに敗れた準々決勝の26点。それに比べると、かなり点数をとられている印象が強い。

今のチームのアタックがとても良いだけに、そこが心配のタネではある。

もう一つ、ジャパンが国内でテストマッチを戦うと、オールブラックス（3位）に31対

38、フランスに15対20とかなり競ったスコアに持ち込めるが、ヨーロッパに遠征すると、前述のように失点が増えている。W杯がフランスで行われることを考えると、リーダー陣を筆頭にチーム全体としても色々と対策を考えているはずだ。

これまでキャプテンを務めてきたHO坂手《さかて》淳史《あつし》はいいリーダーだし、リーチ マイケルも健在だが、バックスでは誰がリーダーとなって、ディフェンスが崩れかけたときにどう立て直すのか。

その役割を担うのが、CTB中村亮土やFB山中亮平、SH流大といった国際経験豊かなベテランたち。そこにSOとして安定感を誇る松田力也が加わって、国内とは環境が違うヨーロッパでの戦いに臨んでもらいたい。

その辺りは、7月から8月にかけて行われる、オールブラックスXV戦2試合（正式なテストマッチではないためジャパンもジャパンXVとして対戦）、サモア、トンガ代表（15位）、フィジーの順に戦うテストマッチ3試合（以上5試合は日本国内で開催）、イタリア代表（14位）とのW杯前の強化試合（テストマッチ 8月26日 トレヴィーゾ）で練り上げられていくと信じている。

ジャパンがW杯で結果を残すためには、その大会でブレイクするような選手の存在が必要だ。15年のイングランド大会では、アマナキ・レレイ・マフィがまさにインパクト抜群の秘密兵器的存在だったし、19年日本大会では、松島幸太朗と福岡堅樹の、「ダブル・フエラーリ」と称された両WTBが、素晴らしい活躍をしてチームの躍進を支えた。

フランス大会でも、プールDを突破するためには、そういう選手の存在が必要だ。僕が今期待しているのは、LOワーナー・ディアンズ、NO８テビタ・タタフ、CTBディラン・ライリーの３人だ。

ディアンズは身長が２メートルを超える巨漢でありながら足も速く、21歳とまだ若いので伸びしろが大きい。タタフも、国内の試合だけではなく、テストマッチでも待ち構えている相手を弾《はじ》き飛ばして前に出る驚異的な強さを持っている。わかっていても止められない選手は、対戦相手から見れば嫌な存在だ。ライリーも、豊富な運動量で攻守にわたってどこにでも顔を出す。オフロードも魅力的だ。僕が最初に見たときは「いい選手だな」という印象だったが、明らかにジャパンに選ばれて「すごい選手！」と思うところまで伸びた。

この３人の活躍は、個人的にもすごく楽しみにしている。

それにしても、W杯というのはワクワクする大会だ。

僕が4年前に、『ラグビー知的観戦のすすめ』を書いたときには、時期が大会前だったこともあって、ジャパンが4戦全勝でプールAを通過してベスト8に残るところまでは考えられなかった。

だから、ジャパンが2位通過でベスト8に勝ち残り、準々決勝でプールBを1位通過したオールブラックスと対戦すれば、それは夢のようなことだ——というようなことを書いた。現実はそんな予想を上回ってジャパンが1位通過。そして、プールBを2位通過した南アフリカが、ジャパンを破った勢いで波に乗り、3回目の優勝を遂げた。

だから、今回も果たして結果がどうなるか予想するのは難しい。

それでも、4年前と同様に、ジャパンがプールDを勝ち抜いて、準々決勝でオーストラリアもしくはプールCを勝ち残ったチームを破ってベスト4進出——みたいな結果が出ることを期待している。

●ノリノリにさせると怖いアルゼンチン、新HCのキャラクターが出るイングランド

ベスト8進出のカギを握るのは、プールDのなかでイングランド、アルゼンチンといったランキングでジャパンよりも上位のチームにどう勝つか、だ。

アルゼンチンについては前章でも触れたが、ジャパンには、彼らがフラストレーションを溜《た》め込むような戦い方をしてもらいたい。試合展開としては、お互いにプレッシャーを掛け合って、ＰＧで3点ずつを刻むようなゲームになるのではないかと思っているが、ラテン気質の彼らを精神的にのせてしまうと、思いもかけないようなアタックを繰り出してくることが考えられる。だから、彼らに80分間、フラストレーションを抱かせるような戦い方を練り上げる必要があるのだ。

これも前章で触れたが、今のアルゼンチンは、彼らが本来持っているラテン的な「ノリのラグビー」と、マイケル・チェイカＨＣに仕込まれた「ストラクチャーに基づくラグビー」が、ほどよいバランスで共存している。これが、しっかりとチームの規律を守ってプレーする方向に行き過ぎるとプレーしている選手自身がフラストレーションを溜め込みそうだし、少し遊びを入れたようなプレーに走り過ぎると、どこかで攻守におけるストラクチャーが崩れてジャパンにチャンスが出てくる。だから、W杯に乗り込んできた時点でどういうバランスになっているかにより結果が変わるだろう。もし、「規律」と「遊び」の部分が、もっとも良くアレンジされた状態でW杯に乗り込んできたら、これはジャパンだけではなく、対戦するすべての国にとってやっかいなことになる。

エディさんが去ったイングランドは、後任にスティーブ・ボーズウィックを選んだ。ボーズウィックもまた、15年W杯のときにはジャパンでコーチを務めていた。担当は、ラインアウトやハイボールのキャッチといった空中戦だった。その後、かつて自身もキャプテンを務めたイングランド代表のコーチに招かれたわけだが、僕はエディさんがHCをしていたときと、それほどラグビースタイルが変わらないのではないかと思っている。

一方で、前任者のエディさんが、良くも悪くも個性的で人によって好き嫌いがあるのに対して、ボーズウィックは人柄がとても良く、「ジェントルマン」や「ナイスガイ」という言葉が当てはまる人物だ。彼のことを悪く言う人はほとんどいない。だから、彼のようなボスがいると、「この人のために」という思いで、チームへのローヤリティ（忠誠心）がグッと高まるように思う。

ボーズウィックは母国のイングランドでも人気があって、ファンからリスペクトされる堅実なチームを作ってW杯に臨むと僕は考えている。対戦相手として考えても、ジャパンのことをよく知っているし、そういう意味では戦いにくいHCだ。ただ、ボーズウィック自身のHCとしての国際経験は、23年のシックスネーションズが初めてで、イングランドはイタリアとウェールズを破ったものの、2勝3敗の4位に終わっている。W杯も、HCとして臨むのはフランス大会が初めてだ。

だから、たとえば相手が、自分たちが想定していないようなプランでゲームに臨んできたときには、かなりあわてるのではないか。つまり、ジャパンが、いかにボーズウィックに「あれ？」と思わせるような戦い方をできるかに、勝負のカギがあるのではないかと思っている。

もちろん、ボーズウィック自身は、シックスネーションズでの結果を踏まえて、「もう失うものはない」と腹をくってW杯に臨んでくるだろう。

これはあくまでも僕の個人的な見解だが、ジャパンにとっては、そうなったときの方が戦いづらい。サイズと才能に恵まれたチームが、「オレたちに失うものはない」という覚悟で戦い方をシンプルにして臨んできたら、これはかなりの脅威になる。

ボーズウィックはイングランド代表を務めた男。必ず腹をくってくる。

こうやってHCのキャラクターがゲームプランやチームのプレースタイルに反映されるところも、ラグビーの面白さである。

●W杯初出場のチリ、3大会連続で対戦のサモアには、持ち味を出して戦う

プールDの残るチーム、チリとサモアに関しては、相手の傾向をしっかりと分析して強みを抑えるような戦い方をすれば、ジャパンの持ち味を出してゲームを優位に進められると僕は考えている。

サモアとは、大会前の7月に戦うので、その試合が本番に向けての貴重な情報源になる。「はじめに」で書いたように、国籍条項の改正にともなって、ビッグネームが加わるかどうかも、そこで明らかになるだろう。細かい戦術面では明らかにしないと思うが、ベーシックなスキル、フィジカル面、チームとしての大きな方向性はつかめると思っている。前章でも触れたが、15年大会、19年大会と2大会続けて対戦して連勝していることも、ジャパンにとっては大きなアドバンテージだ。選手たちも、サモアに、アンストラクチャーな崩れた状況でボールを渡すと脅威になることをしっかりと学習しているから、セットプレーを多くするような戦い方で、サモアの強みを封じ、逆にジャパンの強みであるセットピースからの仕掛けでトライを狙うようなイメージだ。

しかも、今回の日程は、サモアがアルゼンチン戦から中5日でジャパンと対戦するのに対して、ジャパンは中10日とスケジュールに余裕がある。

この日程ならば、一度気持ちの部分もリセットした上で、イングランド戦で出た課題を修正し、メンバーのコンディションを整えて万全の態勢で臨めることになる。

チリについては情報があまりないが、今回が初出場で、彼らにとってのW杯での最初の試合がジャパン戦になる。

ジャパンにとってもW杯初戦だが、こちらは前回の19年に、大会全体のオープニングゲームとして臨んだロシア戦でガチガチに緊張して良いパフォーマンスができなかった経験がある。それに比べれば、フランスでのW杯初戦は、緊張感も自国開催のときより軽減されるだろう。むしろチリが、そういう緊張感に対処するゲームになると予測できる。

だから、初戦についてはあまり心配していないのだが、イングランド、アルゼンチンとの三つどもえのプールD突破をかけた戦いが控えていることを考えると、ここで4トライ以上を奪ってボーナスポイントをしっかり獲得し、得失点差でも大きなアドバンテージを得ることが大事になる。

つまり、ジャパンにとっての今大会開幕戦は、対チリということではなくて、いかに自分たちがその試合のために準備してきたものを出し切るのか、そして自分たちのラグビーに対しての自信を持てるかどうかがテーマなのである。

●プールCはオーストラリアを追うウェールズ、ジョージア、フィジーが激突

以上が今大会のジャパンの展望だが、エディさんの話題が出たので、次はそのオーストラリアが所属するプールCの戦いを予測してみよう。

まずオーストラリア（7位）は、次回、つまり27年にW杯開催を控えていることが一つのポイントだ。

今回、前任のデイブ・レーニーHCを解任してエディさんにHCを任せたのも、今大会だけではなく、自国開催の次回大会で優勝を狙っているからだと僕は考えている。まだスコッドが発表されていない段階で、エディさんがどういう形でオーストラリアを強化するのか予測するのは難しいが、そういう含みはあると考えてまず間違いはないだろう。

負けず嫌いのエディさんのことだから、「フランス大会で優勝を狙う！」とアナウンスするとは思うが、エディさんのHC就任が報じられたのはW杯開幕まで8ヶ月を切った1月中旬。その時点で世界ランキング7位のチームをW杯で勝たせるのは普通に考えてなかなか難しいから、優勝を目指すと言いながら、27年に向けて若い選手を抜擢《ばってき》するなど、自

国大会での優勝を見据えた手を打ってくるだろう。

リーグワンで活躍した、CTBサム・ケレヴィ（サンゴリアス）、SOクウェイド・クーパー（花園《はなぞの》近鉄ライナーズ）、SOバーナード・フォーリー（スピアーズ）といった選手たちも、W杯フランス大会に出場の意思を表明し、エディさんもまた日本に来て彼らのパフォーマンスを確認している。こうしたベテラン勢がどこまで選ばれるかは要注目だ。若い選手のメンターのような役割も期待しつつワラビーズに選び、W杯ではベテランとしての存在感を出していく——といった起用法がもっとも現実味があるように思う。経験がモノを言う部分が大きいのは大一番のW杯の特徴の一つだからだ。

いずれにしても、エディさんがジャパンを指揮したときに「W杯に優勝するには、スターティングの選手15人の合計キャップ数が600は必要」と言ったように、今大会は、若くてポテンシャルのある選手たちにW杯を経験させ、それから4年間、しっかりとプランニングされた強化で準備して優勝を目指す——というシナリオが現実的だ。

エディさんは、若い選手を抜擢して育てる能力が高く、前に述べたように、イングランドではイトジェやスミスを抜擢して一流選手へと育て上げた。だから、オーストラリアでも同じようにいい選手を抜擢して育てるだろう。そして、スーパーラグビーのブランビーズをコーチしていたときからこだわってきたアタッキングラグビーを、チームに落とし込むだろう。そういうラグビーに、抜擢した若手がハマるかどうかを見極めるのが、エディさん率いるオーストラリアにとってのフランス大会なのである。

ただ、僕が、ワラビーズHC就任が発表される直前にエディさんと会ったときには、「フランスは9月は気候が良くてアタッキングラグビーに向いているが、10月に入ると気温が下がり、雨が多くなる。戦い方を変える必要がある」と、ぼそっと言っていた。

「8ヶ月の強化でW杯優勝を目指す」というエディさん。短い時間でどこまでの準備ができるのかとても楽しみである。

そんなオーストラリアの対抗に挙げられるのがウェールズ（9位）だが、こちらはシックスネーションズでいいところがなく、イタリアを破っただけの1勝4敗に終わり、現在チームを再建しているところだ。

22年のオータムネーションズシリーズでは、ランキングが下のジョージアに12対13と史上初めて敗れる屈辱も味わった。その結果、当時のウェイン・ピヴァックHCが解任されて、かつてウェールズやブリティッシュ＆アイリッシュ・ライオンズで指揮を執った名将ウォーレン・ガットランドがＨＣに復帰した。だから、チーム再建中なのだが、それが本大会に間に合うかどうかが問われている。

プールＣには、前述のオーストラリアを始め、22年に金星を与えたジョージア、07年の同じフランス大会のプールＢで34対38と敗れてベスト８進出を阻まれたフィジーと、あまり相性の良くない相手が顔を揃えている。

見方を変えれば、それだけこのプールの試合は、どのカードも興味深く、また勝敗の予測がつきづらい接戦続きになるということ。特に、開幕節は９日にオーストラリア対ジョージア戦と、10日にウェールズ対フィジー戦が予定されていて、どのチームにとっても、初戦のパフォーマンスがプールステージの行方を占うカギとなる。

ジャパンがプールＤを１位通過すれば、このプールの２位チームと、２位通過ならば１位チームと、準々決勝で対戦することを頭に入れながら観戦するのも面白い。

ランキングが11位のジョージアは、スクラムの強さが大きな武器だ。

22年秋のウェールズ戦でも、勝負所のスクラムでウェールズＦＷを押し込んでペナルティを獲得したことが勝因となったのは言うまでもない。

一方で、バックスはキックを主体にしたオーソドックスなプレーが中心で、それほど意外性のあるアタックを仕掛ける印象はない。

対照的に13位のフィジーは、セブンズ（7人制）で16年リオデジャネイロ五輪、21年東京五輪と2大会連続で金メダルを獲得したことからもわかるように、アンストラクチャーからのアタックを得意とするチーム。特に、長い手を使ったオフロードパスに秀でていて、ときには後ろに目がついているのではないかと思うようなトリッキーなパスも見せる。

反面、課題はセットプレーだと長年言われていて、フィジーもW杯を戦うためにセットプレーの強化に余念はないのだが、世界各国に散らばった選手たちが一堂に会して強化にあたる時間が少なく、それがネックとなっている。

9月30日に予定されているジョージアとフィジーの激突は、プールCの順位争いに大きな影響を及ぼすゲームとなるだけではなく、それ以上に、ガチガチのストラクチャーに基づいたチーム対究極のアンストラクチャーからのアタックを得意とするチームという、まったく対照的なスタイルの戦いになる。これは、ラグビーという競技が持つ可能性を深く知るためにも、ファン必見のゲームだ。これだけコントラストが鮮明なゲームは、そうそうない。非常に興味深い試合なのである。

●プールAはフランス対オールブラックスの超ビッグカードが開幕戦で実現！

今回のW杯には、選手たちに若い頃から国際試合を経験させて、自ら描いた「絵」を選手たちの身体にたたき込み、チームを強化してきたHCがいる。

フランス代表（2位）を率いるファビアン・ガルティエHCだ。

僕は直接の面識はないが、見るからに独特な雰囲気がある。もちろん、フランスというチームも独特なのだが、それはある程度フランスの文化と関係しているのかもしれない。

ガルティエHCと、現在のFWコーチ、ラファエル・イバネスは、ともに99年W杯準決勝で、圧倒的不利という下馬評を覆してオールブラックスを43対31と破り、ジャパンが南アフリカを破るまで「W杯史上最大の番狂わせ」と言われたゲームを戦ったメンバーだ。

そのときキャプテンでHOを務めたのがイバネスで、ガルティエはSHだった。

フランスは大会全体のオープニングとなる9月8日の開幕戦に、なんとオールブラックスと対戦する。

これまでのW杯で両者は6回対戦して、フランスは2勝4敗と負け越しているが、07年のフランス大会準々決勝でもオールブラックスを破った実績があり、11年W杯ニュージーランド大会決勝戦も、結果は敗れたものの7対8と1点差のきわどい接戦だった。両国のワールドカップの対戦は本当にどうなるのかわからない。それが開幕戦での対戦につながったのではないか、と僕は考えている。

しかもフランスは、これまで87年の第1回大会、99年の第4回大会、11年の第7回大会と3回決勝戦に勝ち残っているが、まだ一度も優勝していない。だから自国開催のW杯での初優勝を虎視眈々《こしたんたん》と狙っているのだ。

チームの主力は世界最高のSHと言われるアントワーヌ・デュポンだが、FLシャルル・オリヴォン、NO8グレゴリー・アリノルドキ、SOロマン・ヌタマック、CTBガエル・フィクーといったきらめく才能の持ち主が、メンバーに名を連ねている。同時に、主力選手の多くが、ガルティエHCがU20代表のコーチを務めていたときのメンバーで、いわゆるジュニア世代から、「23年W杯優勝」という絵に基づいて長期的に強化され、英才教育を施されているのだ。

23年のシックスネーションズではアイルランドに19対32と敗れて2位に終わり、美しいトライを獲《と》る一方で、気が緩むと失点が増えるなど課題もまだ多い。だが、このアイルランド戦の前までテストマッチに13連勝と、かくかくたる実績を残している。本気で優勝を狙う今回は、有力な「本命」の一つだと言えるだろう。

ニュージーランド（3位）は、ポテンシャルは高いが、かつてのような怖さが少しなくなったような印象だ。

ニュージーランドのラグビー事情をよく知る友人から聞いた情報では、20年1月に同国ラグビー協会のCEOにマーク・ロビンソンが新しく就任。オールブラックスを率いるHCも、19年大会まで指揮を執ったスティーブ・ハンセンからイアン・フォスターに代わった。こうした人事や組織の変化も、その一因かもしれない――ということだった。

オールブラックスが11年のニュージーランド大会、15年イングランド大会と、史上初めてW杯の連覇を達成したときには、FLリッチー・マコウが長くキャプテンを務め、抜群のリーダーシップを発揮していた。

マコウが現役を退いた19年大会は、トヨタヴェルブリッツでもプレーしたNO8キアラン・リードがキャプテンとしてチームをまとめたが、準決勝でイングランドに敗れている。現在のキャプテンであるサム・ケインも良いキャプテンだが、卓越したリーダーが抜けた穴は大きく、いまだに埋まっていない印象だ。スーパーラグビー決勝でもサム・ケインのシンビンはチームにとって痛いプレーとなった。

ゲームをコントロールするSOも、11年大会ではダン・カーターがプールステージで負傷しただけではなく、後継の10番にもケガ人が相次いで、それが優勝への道のりを険しくしたが、15年大会では、カーターが安定感のあるゲーム運びで相手につけいる隙を与えなかった。

それに比べると、現在の10番を背負うリッチー・モウンガにしても、サンゴリアスでプレーしていたボーデン・バレットにしても、プレーはムチャクチャ上手いが、少しもろい部分があるように感じられる。W杯のような大舞台で、本当に追い詰められた厳しい状況のなか、彼らがそれを克服するようなプレーができるかどうか真価が問われるだろう。

カーターの凄《すご》さを象徴するのが、15年W杯決勝のオーストラリア戦だ。

この試合で10番を背負ったカーターは、ワラビーズの猛反撃に21対17と追い上げられた後半30分、意表を突いてDGを決めた。これがきっかけとなって流れが変わり、オールブラックスはその後にPGを追加。さらに終了直前にバレットがトライを挙げて連覇を不動のものにしたのである（最終結果は34対17）。

僕は、あの状況でDGを決めたカーターの決断に「このタイミングで蹴るのか！」と、本当に驚いた。冷静で堅実、かつタフにゲームをコントロールしていたカーターが、「ここだ！」と勝負所を見極めてDGを蹴ったのがわかったからだ。本物の勝負眼に加えて、DGを狙う度胸と決めるスキルという点でも、文句なしに世界一を引き寄せたプレーだと思っている。

そんな記憶があるからなのか、2人の卓越したリーダーが抜けた今のオールブラックスを、少し物足りなく思うのだ。もちろん、選手のタレント、ポテンシャルは文句なしに世界一で、スーパーラグビー決勝を観たが、めちゃくちゃハイレベルな試合で面白かった。

ニュージーランドに関してもう一つ不安に思うのが、この大会がフランスで行われることだ。

オールブラックスが、北半球で開催された大会で優勝したのは15年のイングランド大会だけ。それ以外は、19年の日本大会も含めて、一度も決勝戦まで勝ち進んでいない。前回（07年）のフランス大会は、準々決勝でフランスに敗れてベスト4にも残れなかった。

歴史的に見ても、オールブラックスは、W杯ではフランスを苦手にしていて、そうした背景まで考えると、優勝するのは非常にタフなタスクになると思われる。

それでも、開幕戦でフランスを相手にムチャクチャ良い試合をしてパーフェクトな勝利を挙げた場合は、勝った勢いにのって選手たちのポテンシャルが全面的に開花し、オールブラックスが一気に優勝まで駆け上がる可能性があると、僕は考えている。

だから、9月8日のフランス対ニュージーランドという開幕戦が、本当に大きな意味を持ってくるのだ。

それに、過去の開幕戦が、19年大会がジャパン対ロシアであったように、比較的ホスト国が勝ちやすいカードになっていたことを考えると、純粋にラグビー的な観点からも、両者の真剣勝負は面白い。

フランスにとっても、大きな賭《か》けだと言える。

07年大会のフランスは、開幕戦でアルゼンチンに敗れるスタートで、オールブラックスを破ってベスト4に勝ち上がったものの、準決勝で宿敵イングランドに敗れている。しかも、3位決定戦でまたアルゼンチンに敗れて4位で終わっている。

だからこそ、この開幕戦に注目したいのだ。


他のチームにも目を向けると、イタリアは、かつてカナダ代表を率いて日本ともW杯で対戦したキアラン・クローリーHCが率いるようになって、ラグビーのスタイルが洗練されてきた。23年のシックスネーションズでは、5戦全敗の最下位に終わったが、開幕戦ではフランスに24対29と食い下がった。これまで一度もプールステージを突破したことがないが、地元に近いフランスで開催されることもあって、チャンスをうかがっている。

ウルグアイは、19年の日本大会で、釜石鵜住居《かまいしうのすまい》復興スタジアムでフィジーを30対27と破って着実に強化が進んでいることを世界に示した。

ナミビアも同様に、南アフリカ以外のアフリカを代表する国としてW杯の連続出場を続けている。最近、ケニアに二度訪問したが選手のポテンシャルは測りしれない印象だ。

●世界ランキング5位以内の3チームの壮絶バトルが見られるプールB

最後に紹介するプールBは、世界ランキング1位のアイルランド代表、同4位にして前回大会優勝国の南アフリカ代表スプリングボクス、同5位のスコットランド代表と、世界のトップファイブが3チームも入った「死のプール」だ。

なかでも南アフリカは、過去に自国開催の95年大会、07年フランス大会、19年日本大会と3度の優勝経験を持ち、今大会も連覇すれば、オールブラックスを抜いて史上最多となる4度目の優勝を果たすことになる。過去に連覇を達成したのは11年大会、15年大会のオールブラックスだけで、つまり、記録の上でも「世界一」となるわけだ。

しかし、19年大会で見たスプリングボクスからは、「優勝」や「世界一」といった外的なモチベーションよりも、昔の東芝が持っていたような、「相手に合わせて戦い方をアジャストするのはオレたちではない」といった、一種の美学みたいな潔さを大切にしていることが、僕には感じ取れた。「勝ち負け」といった外的な要因ではなく、自分たちの内側にある大事なものを貫くことに重きを置いて、「相手がどこであれ、自分たちの強みを出し切る」ことに集中している印象を受けたのだ。

象徴的だったのは、イングランドを32対12と破った決勝戦だ。

南アフリカは、優勝がかかった大一番でも「自分たちの強みを出し切る」という内なるモチベーションに基づいて、彼らのスタイルを貫いた。

それは、イングランドが、準決勝を「オールブラックスに勝つ!」というモチベーションで戦って望み通りの成果を手にした結果（19対7）、決勝戦に向けてもう一度、彼らの内なるモチベーションをリセットしなければならなかったように感じられたのとは、対照的だった。そんな両者の差が、イングランドの自滅のような試合内容につながったのではないか、と僕は考えている。

つまり、勤勉に、忠実に、自分たちのラグビーをやり切るのが南アフリカなのである。

南アフリカのラグビースタイルは、サイズに恵まれた強いＦＷと堅い防御で、セットピースから相手に圧力をかけるオーソドックスなもの。外側にはチェスリン・コルビやマカゾレ・マピンピのような快足ＷＴＢが控えていて、チャンスには一発でトライを獲ってくる。チームとして何か複雑な仕掛けを繰り出してくるイメージはあまりなく、キックを使うときはひたすらキックとチェイスを繰り返すような、シンプルな戦い方をするチームだ。

もちろん、メンバーが替わって才能に恵まれた新しい選手が加われば、その選手を強みとする戦い方にマイナーチェンジする可能性はある。しかし、22年のオータムネーションズシリーズでのイングランド戦を見ても、戦い方は19年とほとんど変わっていなかった。

チームには、横浜キヤノンイーグルスで活躍したＳＨファフ・デクラークや、ＣＴＢジエシー・クリエル、埼玉パナソニックワイルドナイツのＬＯルード・デヤハー、ＣＴＢダミアン・デアレンデ、クボタスピアーズ船橋・東京ベイのＨＯマルコム・マークス、静岡ブルーレヴズのＮＯ８クワッガ・スミス、トヨタヴェルブリッツのＦＬピーターステフ・デュトイ、三重ホンダヒートのＬＯフランコ・モスタートら、日本のファンにもおなじみの選手が多い。

こうした選手たちが、日本でもひたむきに、真面目にラグビーに取り組んでいることを、多くのサポーターや、所属するチームのコーチングスタッフ、選手はみんな知っている。そして、その姿勢は、当然スプリングボクスでも変わらない。

骨惜しみせず攻守に働いて、ひたすら真面目に、頑固に、自分たちのスタイルを貫くのが、南アフリカのスタイルなのである。

23年のシックスネーションズでグランドスラム（全勝優勝）を遂げて、世界ランキング1位となったアイルランドは、フランスW杯を38歳で迎えるキャプテンのSOジョナサン・セクストンが中心選手だ。以前のアイルランドは、キックと強力なFWの圧力を中心にゲームを組み立てるオーソドックスなスタイルだったが、今はセクストンを中心に細かくボールを動かして、ディフェンスのギャップに走り込むアタックが特徴的だ。21年には、遠征してきたジャパンを、このスタイルで60対5と破っている。

一方で、伝統的なフィジカルの強さも健在で、セットピースを中心にしっかりと圧力をかけてゲームをコントロールする。

しかし――なぜか、W杯を苦手にしていて、これまで準々決勝の壁を破ったことが一度もない。

19年W杯日本大会も、世界ランク1位で来日しながら、プールステージでジャパンに12対19と敗れてプールAを2位通過。準々決勝でオールブラックスに14対46と敗れている。

ジャパンに敗れた試合では、キャプテンのセクストンが負傷で出場できなかったことが明らかに影響していた。

W杯のような大舞台でゲームをコントロールするSOは、その日の気象条件やスコアの推移、相手の出方やレフェリングへの対応など、刻々と変わる状況を頭に入れて次にどのプレーを選択するか、決断を下し続けなければならない。事前に「こうすれば正解」という答えがあるわけではなく、チームのストラクチャーに基づいてプレーしながらも、細かいところでは個人の判断や才覚で勝負所を見極めるのだ。それこそ、オールブラックスのところで述べたが、15年W杯決勝戦でDGを決めたダン・カーターのような決断が求められる。

そして、そうした決断を支えるのが、その選手が積み重ねた経験だ。だからこそ、セクストン不在が、ジャパンには大きなアドバンテージとなり、逆にアイルランドには不利に働いたのである。

とはいえ、チーム自体は、22年7月2日にオールブラックスに19対42と敗れたのを最後に、23年のシックスネーションズ終了までテストマッチに10連勝している。

しかも、その過程で、7月9日、16日とオールブラックスに連勝。11月のオータムネーションズシリーズでは、W杯で同組の南アフリカに19対16と競り勝っている。いくらW杯での実績がないとはいっても、優勝候補と呼ばれるだけの実力を備えているのだ。

セクストンがチームの中心であることに変わりはないが、今はWTBジェイムズ・ロウ、FBヒューゴ・キーナンとバックスリーにトライを獲れる逸材が控えている。FLジョシュ・バンダーフリアーとNO8ジャック・コナンが控える第3列も運動量が豊富で力強い。

FWとバックスを結ぶSHは、長くコナー・マレーが務めてきたが、今はジェイミソン・ギブソンパークとの分業態勢が確立しつつある。

アイルランドは、日程にも恵まれている。

9月9日にルーマニア代表(19位)、1週間後の16日にトンガ代表(15位)と戦って、9月23日に南アフリカ、そして2週間のインターバルを置いて10月7日にスコットランドと対戦する。つまり、フォーカスする南アフリカ戦やスコットランド戦に向けて、ケガ人の状態を見極め、戦い方に細かい修正を施しながら、余裕を持ってコンディションを整えられるのだ。

とはいえ、プールステージを突破しても、準々決勝では1位通過、2位通過にかかわらず、プールAの1位または2位チームと対戦しなければならない。つまり、ベスト8の壁を破って準決勝に進むためには、オールブラックスかフランスという難敵を打ち破らなければならないのだ。もちろん、22年から23年のシックスネーションズ終了までの間に、オールブラックスには2勝1敗、フランスにもしっかりと勝っている（32対19）が、この両チームに、W杯の舞台ではまだ一度も勝っていないのも事実。

果たして、世界ランク1位を背負ったアイルランドが、難敵を倒してベスト8の壁を突破できるのか——こちらにも注目して欲しい。

スコットランドもプールステージ突破を狙っている。

スコットランドが、19年大会のプールステージ最終戦でジャパンと死闘を繰り広げ、21対28と敗れて大会を去ったことを覚えている方も多いだろう。1871年にイングランドと世界最古のテストマッチを戦った伝統国が、ベスト8に残れずに大会を去ったのは、11年W杯ニュージーランド大会に次いで2回目だった。

今回もプールステージを突破できなければ、２大会連続でベスト８に到達できないという不名誉な事態に陥ってしまう。そうならないためにも、相当な覚悟でフランスに乗り込んでくるだろう。

チームは、17年からグレガー・タウンゼントＨＣの体制で強化を続けて、今回が２回目のＷ杯だ。

ＦＢスチュアート・ホッグを中心としたバックスのアタックが魅力的で、ＳＯフィン・ラッセルやブレア・キングホーンがゲームを組み立て、ＷＴＢには抜群の決定力を誇るドゥハン・ファンデルメルヴァが控えている。

ただ、同組の南アフリカやアイルランドに比べると、ＦＷ戦での劣勢が予想され、そこが勝敗を分けるポイントになりそうだ。

日程的には、９月10日の初戦で南アフリカと対戦。トンガ、ルーマニアの順に戦って、アイルランドとの〝最終決戦〟に臨む。こちらも、ターゲットを絞っての準備が可能な日程で、とにかく初戦にすべてをかけて、その結果を踏まえた上で、アイルランド戦に万全の態勢で臨むことになるだろう。

世界ランキング上位の3チームと同組になったトンガは、個々の強さがなによりの武器。そんな強みを活かして「伝統国の壁」に挑戦する。

これまでのW杯で、トンガは一度もプールステージを突破したことがないが、11年大会では、フランスをプールステージ最終戦で破っている（19対14）。この勝利でフランスと2勝2敗で並んだわけだが、勝ち点で2ポイント及ばず、ベスト8には進めなかった。ただ、実力的には、今大会でも伝統国の一角を脅かす存在だと言える。

トンガが気をつけなければならないのは、お得意の相手を破壊するような胸あたりに入っていくタックルが、入った位置が少しでも高くなれば危険なタックルとしてカードの対象となりやすいことだ。また、タックルした際にしっかりと腕で相手を捕まえていないと、適正な位置に入っても、「ノーバインド」のタックルとしてペナルティを科される。こうした規律——というよりもレフェリングと現行ルールに対する対策も、しっかり練り上げたいところだ。

ヨーロッパの古豪ルーマニアは、前回大会は、代表資格を持たない外国人選手をヨーロッパ予選に起用したことで大会参加資格を失い、今回がその雪辱を期す大会となる。

●W杯の名場面にはチームが長い間重ねた準備が凝縮している！

以上、W杯フランス大会のプールステージを展望してみた。

各チームのおよその力関係や、それぞれの強みや弱みが少しはわかっていただけたと思う。しかし、W杯という4年に一度のラグビー界最高峰の戦いを、単なる勝ち負けだけで見て欲しくない——というのが、僕の思いでもある。

03年にオーストラリアで行われたW杯は、決勝戦で開催国のオーストラリアと、北半球のチームとして史上初めての優勝を狙うイングランドが激突。80分間を終えて14対14で決着がつかず、10分ハーフの延長戦に入ってもスコアは17対17と同点のまま。そして、終了直前に、イングランドのSOジョニー・ウィルキンソンが、利き足とは反対の右足で劇的な決勝DGを決めて、イングランドに初優勝をもたらした。

W杯の歴史に残る名勝負で、ご存じの方も多いと思うし、ハイライト映像などでウィルキンソンのDGをご覧になった方も多いと思う。

でも——この場面はあくまでもクライマックスであって、ウィルキンソンが右足でDGを蹴るまでのプロセスを知ると、もっと深くラグビーの面白さに触れることができるのではないか——と、僕は考えている。

ウィルキンソンのDGに至るドラマは、その少し前に、イングランドSHマット・ドーソンが、オーストラリア陣に10メートルほど入ったラックからサイドをついて前に出たところから始まった。

この瞬間に、イングランドの選手は全員が「ウィルキンソンのDGで決着をつける」という「絵」を思い浮かべた。だから、ドーソンが22メートルライン付近でラックに持ち込むと、FWはその絵に基づいて、ウィルキンソンがDGを狙いやすいところまでボールを運び、あくまでもペナルティを犯さず、かつオーストラリアの防御が勢いよく前に出られないように、少しずつ前に出て圧力をかけ、ボールキープを続けた。

DGを蹴るタイミングが、ボールを蹴った瞬間に試合が終了するギリギリの時間がベストであることも、全員が理解していたのではないか。そうすれば、オーストラリアがリスタートから反撃することができないからだ。

オーストラリアも、ドーソンに前に出られた瞬間に、イングランドがDGを狙う態勢に入ったことを察知して、DGを阻止すべく防御を整えた。ウィルキンソンの利き足は左だから、ウィルキンソンにパスが渡った瞬間に左足を狙ってプレッシャーをかけてDGを阻止する――それが、オーストラリア防御の意図だった。

そして、ウィルキンソン自身も、自分の左足が狙われていることを十分に察していた。だから、利き足ではない右でDGを蹴ったのである。

イングランドが初優勝を決めた劇的なDGの背景には、チームが長年培ってきたそうした「絵」があって、そのためにどうすればいいか、着々と進めてきた準備があった。ウィルキンソンにしても、自分の左足が狙われる状況を試合のずっと以前から理解していて、右足でも確実にDGを決められるように練習を重ねてきたのだろう。

そうした長い時間をかけた準備があって、決勝DGという「ドラマ」が生まれたのである。

果たして今回のW杯フランス大会で、このようなドラマが起こるのかどうかはわからないが、舞台は4年に一度のラグビーの祭典だ。

たとえドラマチックなことが起こらなかったように見えた試合でも、勝負の分かれ目には、ウィルキンソンのDGと同じように、長い時間をかけてチームで積み上げてきた「オレたちはこうやって勝つ！」という「絵」が、必ず描かれているはずだ。

せっかくのW杯なのだから、みなさんにもぜひ、そうしたラグビーの奥深さの一端に触れてもらいたいと、僕は心から願っている。

第5章　廣瀬俊朗の私的フランスW杯ガイド

前章では、W杯フランス大会の各プール別に、参加国の特徴と、プール内でのおよその力関係を見通してみた。

＊

この章では、実際に試合が開催される各都市の、大まかな特色と注目カードをまとめている。今大会で試合が開催される会場は、いずれも世界的な観光地として有名な都市にある。一方で、そのほとんどが、地元に根づいたクラブチームとともにラグビーの文化を深く理解し、愛している街でもある。

そんなフランスについての、僕なりの印象を述べてみようと思うのだ。

まず僕のフランスについての印象は、「独特の感性や文化を持つ国」ということだ。

どういう言葉にすれば伝わるのか、なかなか適当な表現が思い浮かばないが、フランスの人たちは本当に自分の国が大好きなんだ、というのが僕の印象だ。人々がマイペースで、なかなかこちらのコントロールがきかないところも特色だと言えるかもしれない。

今回のW杯フランス大会でも、スクラム・ユニゾンなどの活動を現地でいろいろ行いたいと考えていて、こちらからコンタクトを取っているが、いくら連絡してもなかなか返事がない。かと思えば、向こうが急に「こういう活動をやりたい」と思ったら、「いつその活動をするんだ？」とガンガン連絡が入る。

ロジックではなかなか動いてくれないけれども、彼らの感性を上手《うま》く刺激することができれば動いてくれる――そういう印象を僕は持っている。その辺がとても面白い。

そうした国民性とも関連するのか、ラグビーでも好不調の波が大きい。

現在のフランス代表はかなり一貫性があってよく鍛えられているが、それでもときどきそうした波がある。テストマッチで快調に連勝を重ねていた最中の23年のシックスネーションズ初戦では、イタリア代表に食い下がられて、思わぬところで苦戦をした。

そういうところが、人間味があるし、どこか愛らしい。

僕自身はフランス代表とテストマッチを戦ったことはないが、12年にはフレンチ・バーバリアンズと、ジャパンⅩⅤとして日本国内で二度、ルーマニア、ジョージアに勝ったヨーロッパ遠征の最後の試合として一度の、合計３回対戦していずれも敗れている。当時のエディ・ジョーンズHCの言葉を借りれば、フレンチ・バーバリアンズの実力は「世界ランキング10位か11位相当」で、確かに強かった。

さらに12年の遠征時には、フレンチ・バーバリアンズ戦の前に、フランスとスペイン両国にまたがり独自の文化を持つバスク地方で、バスク選抜（フランス領バスク地方の選抜チーム）と戦い、3対19と敗れている。このときのバスク選抜には、フランス代表でも活躍したSHディミトリ・ヤシュビリがいて、悪天候のなかで巧みにゲームをコントロールされた記憶がある。

このときも感じたことだが、フランスのラグビーは、伝統的に9番がゲームをコントロールして組み立てる。現在のファビアン・ガルティエHCも現役時代はSHだったが、歴史的にも名SHを輩出している。それから、彼らが「mêlé（メレ）」と呼ぶスクラムへのこだわりが強く、実際に強力なスクラムを組む。

現在のフランス代表の中心選手がSHのアントワーヌ・デュポンで、相変わらずスクラムが強いところも、伝統をしっかりと引き継いでいると言えるだろう。

ラグビーを巡る文化についても、普段から僕たちになじみの深い英語圏の人たちが、すごく真面目というか真っ当な感じがするのに対して、フランスの人たちは、それより少しゆるく感じる。というより、両者の感性は、やはり少し違うように感じる。

実際、試合中の雰囲気も、15年W杯が開催されたイングランドでは、地元の観客がストイックにラグビーを見ている印象を受けたのに対して、フランスではどこかお祭りっぽい空気が感じられた。トライを獲《と》ったり、獲られたりしたときや、ここぞというチャンスやピンチで、いきなりブラスバンドの演奏が始まるのだ。それも、けっこう絶妙な間合いで。これにはちょっと驚いたが、僕はお祭り感があって面白く感じている。同時に、こういう演奏は、ホームで応援を受けながらプレーする選手たちにとって、こたえられないくらい快適だろうとも思った。

そういう応援や観戦文化の違いを堪能《たんのう》できるのも、フランスW杯ならでは、だろう。英国系のラグビー文化とも、南半球の文化とも違う、フランス独自のラグビー文化の一端に、みなさんが試合を見ながら触れていただく一助になれば、と思っている。

ではまず、ジャパンがベースキャンプ地に選んだトゥールーズからご紹介しよう。

●トゥールーズ　ジャパンのベースキャンプはフランス随一のラグビー熱狂都市

開催予定試合　会場：スタジアム・ド・トゥールーズ　収容：3万3千103人

9月10日　ジャパン対チリ（D）

15日　ニュージーランド対ナミビア（A）

※カッコ内のアルファベットは所属するプールを表す

23日　ジョージア対ポルトガル（C）
28日　ジャパン対サモア（D）
10月8日　フィジー対ポルトガル（C）

23年W杯フランス大会で、ジャパンのベースキャンプとなるトゥールーズは、高校生の頃に、当時アビロン・バイヨンヌでプレーしていた村田亙《むらたわたる》さんの試合を見にバイヨンヌに行ったときに通った記憶がある。もうかなり前のことだ。

07年の最初のフランスW杯のときも、ジャパンは今回と同じスタジアム・ド・トゥールーズでフィジー代表と戦い、31対35という死闘を繰り広げた。

地元の観客は、序盤こそフィジーのハンドリングラグビーを期待して、フィジーに声援を送っていたが、終盤にジャパンが4点差へと追い上げ、さらにフィジーをゴールラインに釘付《くぎづ》けにしたときには、場内から「ジャポン、ジャポン！」と大声援が湧き上がったことを覚えている。

勝敗の行方はもちろんだが、それ以上に、ボールを動かすスタイルのラグビーに対する愛着が強く感じられた大声援だった。あれから16年が経って、さらに強くなったジャパンに、この街の人たちがどんな声援を送ってくれるのか、今から楽しみだ。

この街には、フランスの国内リーグＴＯＰ14に所属するスタッド・トゥールーザンというクラブチームがあり、地元の人たちに愛されている。

チームには、現在のフランス代表の主力であるＳＨアントワーヌ・デュポン、ＳＯロマン・ヌタマック、ＦＢトマ・ラモスらが在籍し、22―23年シーズンのＴＯＰ14では、スタッド・ロシュレとの決勝戦を29対26と制して22回目の優勝を遂げている。

熱狂的なサポーターに支えられた強豪なのである。

だから、トゥールーズは、フランス国内でもっともラグビー熱が高い街として知られている。１９２９年創刊のフランスの隔週ラグビー専門誌『ミディ・オランピック』の本社が置かれているのも、この街だ。

ジャパンはここを本拠地にしてプールステージを戦うが、まずは地元の目の肥えたラグビーファンに愛されることが何よりも重要だろう。そのためにも、初戦となる10日のチリ代表戦で、彼らを魅了するトライをいくつも挙げて欲しい。

試合は、現地時間で日曜日の13時キックオフだから、地元の子どもたちも観戦するはずだ。彼らがジャパンにあこがれるようなプレーを見せて、28日のサモア戦（21時キックオフ）では盛大な声援をもらいたい。
現地まで足を延ばす予定のファンのみなさんも、ラグビーをよく知る地元の人たちに囲まれて試合を見れば、心に残るW杯観戦になるだろう。

ラグビー以外では、トゥールーズは宇宙航空産業関連の企業の本拠地で、エアバスの本社もある。同時に、今も「トゥールーズ大学」と総称されている3つの大学があり、学生の街でもある。だから、オシャレでカジュアルなカフェやレストランを探してみるのも面白いと思う。

街全体は赤やオレンジ色のレンガで作られているのが特徴的で、ガイドブックなどには「バラ色の街」という呼び名が紹介されている。

旧市街の中心にあるキャピトル広場は、有名なカフェやホテルが集中する観光の中心だが、W杯での試合開催日には、各国のサポーターが集まる〝ラグビー広場〟になるだろう。

●ニース　世界有数のリゾートでジャパンがイングランドと激突！

開催予定試合　会場：スタッド・ド・ニース　収容：3万5千983人
9月16日　ウェールズ対ポルトガル（C）

17日　イングランド対ジャパン（D）
20日　イタリア対ウルグアイ（A）
24日　スコットランド対トンガ（B）

地中海に面したコート・ダジュール（紺碧《こんぺき》海岸）と呼ばれる世界的な保養地の中核都市がニースだ。そんなリゾート都市で、9月17日に、ジャパンとイングランド代表との決戦が行われる。ラグビー観戦という意味でも、フランス観光という意味でも、これ以上は考えられないほど、最高の組み合わせだ。

会場のスタッド・ド・ニースは、中規模なスタジアムなので、おそらくどの席からでもプレーが見やすいだろう。ピッチと観客席の距離も近く、地元のファンを味方につけて戦いたい競技場だ。

ここでジャパンが勝てば、プールD突破に大きく前進することになるのはもちろん、ラグビーの母国から史上初めての勝利を挙げることになる。19年W杯でアイルランド代表、スコットランド代表、15年W杯で南アフリカ代表を破ったことに匹敵するくらいのビッグニュースとして世界中で報道されるだろう。

ただ、これがプールステージでのゲームであることを考えると、たとえ敗れたとしても、7点差以内負けのボーナスポイントは獲得しておきたい。W杯では、スーパーラグビーやリーグワンとは違って、4トライ以上獲ったチームには無条件でボーナスポイントが与えられる。プールDではジャパンとイングランドにアルゼンチンを加えた3チームが、それぞれ1勝1敗で三すくみとなる可能性も考えられるから、ボーナスポイントの獲得が本当に大事なのである。

現地まで観戦に行くファンのみなさんも、このイングランド戦が大一番であることはわかっているはず。キックオフが現地時間の21時だから、街を観光してから観戦という方も多いのではないかと思うが、さすがに気持ちが落ち着かなくて観光に集中できないかも。そのそわそわした感じも最高だ。後は、ジャパンの勝利を見届けてから、翌日以降にゆっくり観光を楽しむ——ということもありそうだ。

ニースでは9月までが海水浴のシーズンとされているので、海につかって勝利の余韻に浸るのも、良いかもしれない。

僕も、せっかくニースを訪れるのだから、勝利を見届けてから、時間が許せばちょっと観光してみたいと思っている。

●ナント　ロワール地方の中核都市でジャパンの運命が決まる！

開催予定試合　会場：スタッド・ド・ラ・ボージョワール　収容：３万５千５２０人
9月16日　アイルランド対トンガ（B）
　　30日　アルゼンチン対チリ（D）
10月7日　ウェールズ対ジョージア（C）
　　8日　ジャパン対アルゼンチン（D）

ジャパンにとってのプールステージ最終戦であり、準々決勝進出をかけたアルゼンチン代表戦が行われるのが、ロワール地方にある古都ナントだ。

会場のスタッド・ド・ラ・ボージョワールは、07年W杯で、フィジー代表がウェールズ代表を38対34で破って１９８７年の第１回大会以来20年ぶりのベスト8進出を決めたスタジアムとしても有名だ。W杯フランス大会の公式ホームページにも、『果たしてこの地がセンセーショナルな逆転劇の舞台となるでしょうか？』と思わせぶりに書いてある。それが、ジャパンがランキングで上位にいるアルゼンチンを倒すことを意味しているのか、それとも前日に行われるウェールズ代表対ジョージア代表戦のことを指しているのか、なかなか意味深だ。

ただ、ジャパンとアルゼンチンが、プールDの通過をかけて対戦するであろうことは、この街のラグビーファンにも認識されているはず。大きな注目を集めることは間違いない。ニースのイングランド戦と同じように、満員の観客を前にお互いの意地とプライドがかかった試合が繰り広げられるはずだ。

少し気になるのが、第4章で紹介したオーストラリア代表エディ・ジョーンズHCの「フランスは9月は気候が良くてアタッキングラグビーに向いているが、10月に入ると気温が下がり、雨が多くなる。戦い方を変える必要がある」というつぶやきだ。

ジャパンにとって、それまでの3試合は、いずれも地理的に南に位置している街で行われる。イングランド戦とサモア戦は21時キックオフなので、かなり涼しくはなるだろうが、それでも夏に近い気象条件の方が、気温が高いなかでも運動量が落ちないジャパンにアドバンテージがある。

アルゼンチン戦は13時キックオフなので、その日の最高気温が出る時間帯に行われることになるが、ナントの10月の平均最高気温は9月の平均最高気温より5度近く低いようで、気候的なアドバンテージはあまり期待できそうにない。

両チームとも、これがプールＤでの最終戦となるので、それまでの戦いでどのくらい負傷者が出たか、あるいは、ゲーム内容の修正が上手くいっているかなど、さまざまなファクターが影響することも予想される。

どちらのチームにとっても、心身両面で「タフさ」が求められる試合になる。環境に配慮した都市としても有名なナントをゆっくり散策するのは、やはり運命の一戦が終わってから――になりそうだ。

●ボルドー　ラグビーにも熱いこだわりを持つワインの名産地

開催予定試合　会場：スタッド・ド・ボルドー　収容：４万２千60人
９月９日　アイルランド対ルーマニア（Ｂ）
10日　ウェールズ対フィジー（Ｃ）
16日　サモア対チリ（Ｄ）
17日　南アフリカ対ルーマニア（Ｂ）
30日　フィジー対ジョージア（Ｃ）

ボルドーは、07年のフランスW杯で、ジャパンがカナダ代表と12対12と引き分け、95年大会から続いた連敗を13で止めた街だ。大西将太郎《おおにししょうたろう》さんが、最後にコンバージョンを決めて引き分けに持ち込んだ場面を覚えている方も多いだろう。

当時の試合会場は約3万5千人収容のスタッド・シャバンデルマスだったが、この大会では、15年に完成したスタッド・ド・ボルドーが使われる。

ボルドーには、フランスTOP14で活躍するボルドー・ベグルというクラブチームがあり、トゥールーズと同じように熱烈なラグビーファンが多い。フランス代表SOでもあるマチュー・ジャリベルが所属していて、ワインで世界に知られた街は、ラグビー熱狂都市でもあるのだ。

ボルドーでの注目カードは、プールCのフィジー代表がらみのゲームだ。

9月10日のウェールズ代表との一戦は、07年の因縁対決の再現だ。30日のジョージア代表との一戦も、第4章で述べたように異なるスタイルとこだわりを持ったチーム同士が正面から激突するので興味深い。

僕にとってもボルドーは縁のある街で、12年にバスク選抜と試合をした後のアフターマッチファンクションで、ボルドーワインの「ネゴシアン」と呼ばれるワイン商の人たちと仲良くなった。

ラグビーを愛するフランスの人たち、そしてバスクの人たちと、彼らがやはり深く愛する食やワインを共にすると、本当に心を通じ合えると感じたのだった。

その頃、僕の弟がちょうどフランスで料理の修業をしていたのだが、この席に弟もいて、彼は仲良くなったボネさんという人に案内されてボルドーのシャトーを訪問している。

ボネさんは19年Ｗ杯のときに日本に来たので僕も会った。そして、今度はフランスでＷ杯が開催されるので、ボルドーで再会する予定を立てている。

実は、これだけボルドーには縁を感じているのに、僕はまだ一度も行ったことがなく、妄想だけが膨らんでいるような状態だ。だから、今回の訪問を楽しみにしている。

もともとフランスでは、ワインや食を通じて友情を育《はぐく》むことが多い。もちろん、ラグビーもそうした友情に大いに役に立つのだが、そこに食やワイン、あるいはアートや音楽での交流が加わるのが、フランス独特の文化のように感じる。

そして、そういう交流が生まれることが、僕がフランスでのＷ杯に期待するところなのである。

●リヨン　美食の街のおいしいカード

開催予定試合　会場：ＯＬスタジアム　収容：5万8千883人

9月24日　ウェールズ対オーストラリア（Ｃ）

27日　ウルグアイ対ナミビア（Ａ）

29日　ニュージーランド対イタリア（Ａ）

10月5日　ニュージーランド対ウルグアイ（Ａ）

6日　フランス対イタリア（Ａ）

リヨンは美食の街として有名で、趣のある旧市街にはさまざまなレストランがある。

といっても、僕が訪れたのは、やはり07年W杯のときで、ジャパンはこの街でオーストラリア代表に3対91で敗れた。そして、次のフィジー戦が中3日で行われることもあって、僕も美食を楽しむ暇もなく、トゥールーズに移動したように覚えている。

このときの会場は、スタッド・ド・ジェルランという趣のあるスタジアムだったが、今回は16年1月にオープンしたＯＬスタジアムに移った。

収容人員も1万8千人ほど増えて、快適な観戦環境でW杯を楽しめるだろう。

リヨンの街とボージョレのワインを楽しみながらW杯のゲームも見たい——という欲張りなファンには、9月24日のウェールズ代表対オーストラリア代表戦がお勧めだ。もちろん、チケットが完売という可能性が高いが、この試合でおそらくプールCの1位、2位がどちらになるか決まるだろう。

ジャパンがプールDを2位以内で通過した場合は、どちらかと対戦することになる公算が大きいから、エディ・ジョーンズHC率いるオーストラリアと、ウォーレン・ガットランドHCが復帰したウェールズの、どちらがジャパンにとって相性が良さそうなのかをシミュレーションしながら観戦するのも楽しいかもしれない。試合が行われる24日には、ジャパンはすでにイングランド戦を終えているので、その結果を踏まえて、どちらを応援するかが自《おの》ずと決まってきそうだ。

●リール　アクセス抜群のベルギー国境に近い街

開催予定試合　会場：スタッド・ピエール・モーロイ　収容：5万96人
9月14日　フランス対ウルグアイ（A）

23日　イングランド対チリ（D）
30日　スコットランド対ルーマニア（B）
10月7日　イングランド対サモア（D）
8日　トンガ対ルーマニア（B）

リールはベルギーとの国境に近く、またドーバー海峡を挟んで海の向こうは英国だ。鉄道（フランス国鉄TGV）を使えば、パリまでは約1時間、ベルギーの首都ブリュッセルまでは約40分。英国とフランスを結ぶユーロスターを使えば、ロンドンまで約90分と、抜群のアクセスを誇る。

リールでは、イングランド代表の試合が2試合予定されているが、それもこうしたアクセスの良さを考慮してのことだろう。9月23日のチリ代表戦、10月7日サモア代表戦ともにキックオフは現地時間の17時45分だから、開催当日には、ユーロスターに乗って、多くのイングランドのサポーターが会場に乗り込んでくるはず。イングランドは、ホームのような環境で伸び伸びと戦うことができる。

その点では、スコットランドも同様で、やはり9月30日のルーマニア戦には多数のサポーターが海を越えてやってくると思われる。

リールは、旧市街に中世の街並みが今も残り、ヨーロッパらしい景観に恵まれている。ラグビーを離れても訪れたい街だ。

●サンテティエンヌ「創造的デザイン都市」でオーストラリアとフィジーが激突

開催予定試合　会場：スタッド・ジョフロワ・ギシャール　収容：4万2千152人
9月9日　イタリア対ナミビア（A）
　　17日　オーストラリア対フィジー（C）
　　22日　アルゼンチン対サモア（D）
10月1日　オーストラリア対ポルトガル（C）

サンテティエンヌは、リヨンから約60キロのフランス南東部にある街だ。

07年のW杯でも、スコットランド代表対イタリア代表戦、スコットランド対ポルトガル代表戦、サモア代表対アメリカ代表戦の3試合が行われた。会場は、今回と同じスタッド・ジョフロワ・ギシャールだった。

今回は、9月17日のオーストラリア代表対フィジー代表戦が注目カード。フィジーは、その前の週にウェールズとの対戦を済ませているが、ウェールズを破った場合は、このカードがプールCの1位、2位を決めるゲームとなる可能性もある。

W杯フランス大会の公式ホームページによれば、この街は、フランスの都市で唯一ユネスコから「創造的デザイン都市」に指定されているそうだ。

●マルセイユ　世界的な港町で行われる準々決勝にジャパンが登場!?

開催予定試合　会場：スタッド・ド・マルセイユ　収容：6万7千847人

9月9日　イングランド対アルゼンチン（D）
10日　南アフリカ対スコットランド（B）
21日　フランス対ナミビア（A）
10月1日　南アフリカ対トンガ（B）
14日　準々決勝1＝プールC1位×プールD2位
15日　準々決勝3＝プールD1位×プールC2位

メイン会場のスタッド・ド・フランスがあるサン‐ドニに次いで、ビッグカードが多く開催されるのが、世界的に有名な港町マルセイユだ。

僕自身、今、メッチャ気になっている街である。

この街での最初のゲームが、ジャパンが属するプールDの行方に大きな影響を与えるイングランド代表対アルゼンチン代表戦で、当然勝った方がベスト8進出に大きく前進する。

会場のスタッド・ド・マルセイユも6万7千人収容の大スタジアムなので、ものすごい熱気と緊張感に包まれたオープニングゲームとなるだろう。

翌日の南アフリカ代表対スコットランド代表戦も、やはり勝てばベスト8進出に大きなアドバンテージを得られる大一番だ。

そして、10月に入ると、14日、15日とプールC、プールDそれぞれの上位2チーム同士が対戦する準々決勝が行われる。もちろん、ジャパンがどちらかに登場することを僕も大いに期待している。

果たしてジャパンは1位通過で15日に登場するのか。それとも2位通過で14日に登場するのか――そして、その相手は果たしてオーストラリア代表なのかウェールズ代表なのか、それともフィジー代表なのか――と、考え出すと止まらなくなるくらい興味津々だ。

試合会場のスタッド・ド・マルセイユは、07年W杯のときにも使われたスタジアムで、「ヴェロドローム」と呼ばれている。

この07年W杯のときにも準々決勝2試合が行われたが、最初に行われたのがイングランド対オーストラリア戦で、プールA2位のイングランドが、12対10とプールB1位のオーストラリアに競り勝って、その後、決勝戦まで勝ち上がった。

もう1試合は、プールBの最終戦でウェールズを破ったフィジーがプールA1位の南アフリカと対戦。こちらは、37対20で南アフリカが勝利。やはりそのまま決勝まで勝ち上がり、イングランドとの対決を制して2度目の優勝を遂げた。

つまり、前回は、このマルセイユで準々決勝を勝ち上がったチームが、どちらも決勝戦に進出したという〝縁起のいい街〟なのである。なにかジャパンの背中を押してくれるような因縁を感じるエピソードだと、僕は思っている。

マルセイユの街は見所が多く、散策するのが楽しみだ。そして、ジャパンの勝利の余韻に浸りながら、名物である魚介類満載のブイヤベースを堪能すれば、生涯忘れることがないような最高の体験になると思っている。

●サン‐ドニ　好カード目白押しのメイン会場の雰囲気を楽しもう！

開催予定試合　会場：スタッド・ド・フランス　収容：８万23人

9月8日　フランス対ニュージーランド（A）＝開幕戦
　9日　オーストラリア対ジョージア（C）
　23日　南アフリカ対アイルランド（B）
10月7日　アイルランド対スコットランド（B）
　14日　準々決勝２＝プールB１位対プールA２位
　15日　準々決勝４＝プールA１位対プールB２位
　20日　準決勝　準々決勝１勝者対準々決勝２勝者
　21日　準決勝　準々決勝３勝者対準々決勝４勝者
　27日　３位決定戦
　28日　決勝

メイン会場のスタッド・ド・フランスがあるのがサン‐ドニの街だ。

といっても、パリ中心部から地下鉄に乗って30分ほどで行けるので、パリに泊まってスタジアムに行く人がほとんどだろう。サン-ドニの街は、パリ中心部に比べると少し治安が悪いと言われているので、観戦の拠点はパリに置いた方がベターだと思う。

ただ、試合当日は、メイン会場だけにスタジアム周辺の警備は厳重だ。地下鉄も、遅い時間にパリへと戻る便には、車両に警察官が同乗することもある。だから、通常の観光旅行と同じように注意を払っていれば、大きなトラブルに巻き込まれる可能性は低いだろう。

一方で、警備が厳重とはいえ、ラグビー文化を深く愛するフランスのことだから、変な緊張感は感じられず、スタジアム周辺は巨大なお祭り広場となって何万人ものサポーターが行き交う。キックオフの何時間も前から、ビールを片手に気勢を上げる各国のサポーターを見るのも楽しいし、スタジアムの外側で、フランス名物の、応援席に陣取るブラスバンドが練習したり、サポーターに演奏をサービスしている光景を見ることもできる。手荷物への注意を怠らなければ、ラグビーの祭典の雰囲気を満喫できるはずだ。

8万人収容のスタジアムに入ると、まず、大きさに圧倒される。

さすがにスタンドの最上部からは選手が小さく見えてしまうが、両サイドの巨大なモニタースクリーンが観戦をアシストしてくれる。もちろん、ピッチに近い1階席や2階席は選手の動きがよく見えて、観戦しやすい。

地元フランス代表が出場する試合では、最上部に熱烈なサポーターが陣取るので、上部に座ると、熱狂的な雰囲気のなかで試合を楽しめるだろう。ピンチやチャンスで応援歌のように歌われる、国歌『ラ・マルセイエーズ』の大合唱を楽しむことができるはずだ。

スタッド・ド・フランスで行われるカードは、さすがメイン会場だけあって、プールステージから見応《みごた》えのあるカードが目白押しだ。

開幕戦のフランス代表対ニュージーランド代表戦は、大会全体の行方を左右するようなビッグゲーム。9月23日に予定されている南アフリカ代表対アイルランド代表戦も、前回王者と世界ランキング1位の激突だ。個人的に、僕もぜひ見たいカードだ。

決勝ラウンドに入ると、10月14日にはプールB1位対プールA2位の準々決勝が、翌15日にはプールA1位対プールB2位準々決勝が、それぞれ行われる。

第4章にも書いたが、プールAは、最終順位がどうなるにせよ、フランスとニュージーランドが2位以内に入ることはほぼ確実。一方のプールBも、南アフリカ、アイルランド、スコットランド代表のなかから2チームが出てくると見込まれていて、どういう組み合わせとなっても、超豪華なカードが実現する。

そして、20日、21日の準決勝2試合、27日の3位決定戦、28日の決勝戦と続いて大会が閉幕する。

僕としては、ジャパンになんとしても準々決勝を勝ち上がって、サン・ドニに来て欲しいと願っている。史上初めてW杯ベスト4に進出すればもちろん歴史的な快挙だが、8万人の観客が見守るなかでW杯の準決勝を戦う経験は、結果がどうなっても、きっとジャパンというチームの大きな財産になると思うからだ。

もちろん、選手たちが口々に「優勝」を目標に挙げたように、決勝戦まで勝ち残ればこれは本当にすごいことだ。しかし、準決勝に進出すれば、たとえ敗れても3位決定戦を戦うことが決まっている。つまり、これまでのジャパンがまったく経験してこなかった、W杯を最後まで戦うという体験ができるのだ。

選手たちは、肉体的にはほとんど限界状態だろうが、この体験自体が、W杯を最後まで戦い抜くにはどのような準備やコンディショニングが必要なのかを学ぶ、絶好の機会になる。

そして、それが未来の日本ラグビーを支える礎《いしずえ》になると僕は考えている。

こんなことを夢見ることができる時代が来た。そこがまず嬉《うれ》しい。これからもファンの皆さんと共に新しい歴史を作っていきたい。

第6章

ジャパンが「ベスト8以上」を目指すために必要なもの

これまで2章にわたって、W杯フランス大会のおおよその展望と、大会の特色を僕なりに考察してみた。

その大会でジャパンは、どこまで勝ち進むことができるのだろうか。

果たして「ベスト8以上」に到達できるのか。

W杯が劇的なドラマをいくつも生んできたことを考えると、色んな可能性が思い浮かぶ。日本を遠く離れたフランスの地で、前回の日本大会同様に力を発揮できれば、目標達成は可能だろう。そのためには、日本から応援に駆けつけたサポーターだけではなく、ラグビーに目の肥えた現地フランスのラグビーファンを魅了して、味方につけることも大切だ。

一方で、W杯という舞台は、何が起こるかわからない「カオス」でもある。

それでも、何が起こるかわからないからこそ、何が起こっても対応できるように、選手たちは厳しいトレーニングを積み重ねて準備を進め、総合力を付けている。

加えて――本章では、W杯でジャパンのどういう部分が「強み」となるのかに注目してみたい。同時に、その強みとは何かを考えることが、ジャパンがW杯で繰り広げるであろうドラマを堪能《たんのう》するための、極上の観戦ポイントになるのではないかと僕は考えている。

ここでは、そんな「ジャパンを堪能するためのポイント」をいくつか挙げてみよう。

●「エクセレントな仕事」をするプレーヤーは誰だ？

ラグビーに限らず、どの競技でも、W杯のような大きな大会でしっかり結果を残すためには、チームとして練り上げた組織的な強さだけではなく、そこにプラスアルファの要素をもたらす「個」の存在が不可欠だ。

22年のFIFAワールドカップ・カタール大会では、サッカー日本代表の三笘薫《みとまかおる》選手が、ドリブル突破という「個の強さ」を見せつけて、ドイツ代表、スペイン代表といった強豪から金星を挙げることに貢献した。

23年のワールド・ベースボール・クラシック（WBC）では、大谷翔平選手を筆頭に、さまざまな選手たちの個性が輝いて、日本に栄冠をもたらした。

僕は、サッカーの三笘選手の活躍を見たときに、19年W杯日本大会でジャパン躍進の原動力となった、福岡堅樹、松島幸太朗の両WTBを思い出した。

福岡も松島も、巨漢をはね飛ばして前に進むような、いわゆる「強い」選手ではないが、そのスピードと、しなやかで強靱《きょうじん》な肉体を武器に「エクセレントな仕事」をやってのけた。

福岡が、プールステージのスコットランド代表戦で、0対7とリードされた前半17分に、タッチライン際を抜け出して、タックルを受けながら見事なオフロードパスを松島に通してトライにつなげた場面や、後半2分に、自ら相手のボールを奪い、それが地面に落ちる寸前にキャッチして、そのまま独走トライを決めた場面を覚えている方も多いだろう。

まさに「エクセレントな仕事」だった。

こうした、個の強さを発揮したり、その選手にしかできないエクセレントな仕事をやってのけるプレーヤーがいて初めて、イングランド代表やアルゼンチン代表のような格上の強豪を倒すことが可能になる。

そして、そういう選手が次々と出ることで、W杯での躍進が生まれるのだ。

19年W杯では、福岡と松島だけではなく、「ジャッカル」という言葉を流行させたFL／NO8姫野和樹の活躍があり、黙々とスクラムを支えながらアイルランド代表に組み勝ってペナルティを勝ち取って吠《ほ》えた具智元《グジウオン》（コベルコ神戸スティーラーズ）や、スコットランド戦でトライを決めた稲垣啓太のようなPRの頑張りがあった。

15年W杯で南アフリカ代表を破ったときにも、途中出場するや、強烈な突破力で南アフリカ防御を脅かしたアマナキ・レレイ・マフィや、試合開始からずっと相手に激しくコンタクトを繰り返したCTB立川理道が、やはりエクセレントな仕事をした。

では、現在のジャパンでは、誰がそういう「エクセレントな仕事」をするのか。

これは、試合の流れによっても変わるので事前に予想することが難しいが、第4章で名前を挙げたLOワーナー・ディアンズ、NO8テビタ・タタフ、CTBディラン・ライリーの3人は、その有力な候補だと僕は思っている。

左膝《ひざ》のケガから2年ぶりにジャパンに復帰したSO松田力也も、ゲームコントロールやキックでエクセレントな仕事をやってくれそうだ。

ジャパンでいっしょにプレーしたHO堀江翔太のエクセレントな仕事ぶりにも注目して欲しいと思っている。

堀江は、22―23年シーズンのリーグワンで、プレーオフも含めた全18試合中16試合に出場したものの、先発で出場したのは第8節の花園近鉄ライナーズ戦と、第14節のリコーブラックラムズ東京戦だけ。つまり、ほとんどの試合でリザーブとしてベンチに座って戦況を見つめながら後半の勝負所で投入され、いくつものエクセレントな仕事ぶりを見せているのだ。

特に、プレーオフ決勝戦では、3対12とリードされた後半10分にピッチに入るや、8分後にはトライを奪って反撃ムードを盛り上げ、一時は15対12と逆転するのに貢献した。最終的にはクボタスピアーズ船橋・東京ベイに逆転されて連覇はならなかったが、勝負所で投入されて、ゲームの流れを変える「エクセレントな仕事」をやってのけた。

僕がジャパンでいっしょにプレーしたときから、堀江には、どこか違う次元で戦っているような印象があった。

視野が広く、スクラムやラインアウトといったベーシックなタスクだけではなく、パスや、ときにはキックといったワザも繰り出す、高いスキルを持っている。さらに、現在では、ベンチから戦況を見定めながら、ディフェンスのほころびかけた部分を的確に指示して修正し、試合を勝利で締めくくるように働いている。

こうした勝利への道筋を知るベテランのリードが、僅差《きんさ》の接戦を「善戦」ではなく「勝利」へと導くのだ。

現在のラグビーでは、リザーブの選手たちに、そうした役割が与えられていることはみなさんもご存じだと思う。

それぞれの個性に応じて、なかなかこじ開けられない相手防御を力で破るインパクトプレーヤーや、試合終盤のゲームをテンポアップするためのパスが早いSH、あるいは逆にキックを巧みに使ってリスクを最小限に抑えるSHなど、対戦相手やゲームプランに応じて、それぞれの役割がかなり明確に定められている。

そうしたなかでも、群を抜いて終盤を締めくくるのが上手《うま》い選手が、堀江だと僕は思うのだ。

●優れた選手はプレー中の適応力がすごい！

僕自身の経験から言えば、優れた選手はみな、プレー中の適応力がすごい。

さまざまなプレーの引き出しを持っていて、予期せぬ状況にも対応できるし、試合の流れを予測することにも長《た》けている。

ジャパンでいっしょにプレーした選手で言えば、堀江がそうだったし、15年W杯で活躍したSO小野晃征もそうだった。

特に、小野からは、僕たちが精一杯プレーしている最中に、どこか違うところからゲームを見てプレーをしているような印象を受けた。みんながプレーするのに夢中になっているときでも冷静であったり、プレーの選択にちょっと遊びがあるのだ。

ジャパンのメンバーではなく、東芝ブレイブルーパスでチームメイトだったデイビッド・ヒルも、やはり僕たちとは違うところからゲームを見ているように感じた10番だった。ヒルには、彼なりのゲームの見立てがあって、僕たちがボールを動かして攻めたいと思っているときにキックを蹴《け》ったりする。一瞬、「え?」と思うときもあったが、結果を見ると、彼の見立てが上手くいったことに気がつく。パッと見た印象では、キックをプレーの中心に据えた手堅い選手というイメージだが、ボールをキャリーするときはきちんと走る。実際、トライもかなり記録していた。目先のプレーだけでなく俯瞰して考えている。だからいい選択肢をチョイスするのだろう。


対戦相手として嫌だったのは、サントリーサンゴリアスのSHで南アフリカ代表としても活躍し、15年W杯ではジャパンと対戦したフーリー・デュプレアだ。

デュプレアからは、試合中にこちらがやろうとしていることをじっと見られているような、そんな印象を受けた。それが、僕には怖かった。「ここに蹴られたら嫌だな」と思ったとたんに、そこにキックが飛んでくるような怖さだ。

しかも、デュプレアはプレーの引き出しが多いから、キックだけではなく、こちらが「これをやられたら嫌だな」と思っているようなことを、的確にやってくる。

怖い選手というと、巨漢で突進力のある選手を、みなさんは思い浮かべるかもしれないが、単純に力が強いだけの選手や、身体が大きいだけの選手には、対戦していてもそれほど怖さを感じない。

むしろ、冷静に状況を読んで、こちらが仕掛けることに対応してくるような、適応力に優れた選手が、対戦していて怖いし、嫌なのだ。

もちろん、何事にも例外はある。

たとえば、15年W杯で活躍した、前述のマフィだ。

マフィとは、ジャパンではチームメイトだったが、当時のトップリーグでは、NTTコミュニケーションズシャイニングアークス（現・浦安《うらやす》D―Rocks）の主力選手で（現在は横浜キヤノンイーグルス所属）、僕は東芝ブレイブルーパスのメンバーとして対戦した。

そのときの印象は、試合前の分析で強いとわかっていたけれども、実際に対戦したら異常に強かった――というものだった。

W杯やリーグワンのようなトップレベルのラグビーでは、試合の前に、映像を使って対戦相手を徹底的に分析する。だから、いくら強くても分析した通りの動きをする選手はさほど脅威とはならない。しかし、マフィのような分析を超えた強さを持っている選手や、プレーの発想が独特な選手は、対戦するなかでこちらの予想にないことをしてくるので、かなり怖い。

強豪に勝つための「個の強さ」とは、そうした「怖さ」を相手に感じさせるような、予想をはるかに超える強烈な力強さや、対戦相手が予想もできないような「エクセレントな仕事」をやってのける適応力——のことなのである。

●「強さ」を持った選手の見分け方

相手の予想を大きく上回るくらい強い選手は、ゲームリーダーから見ると、頼もしい存在だ。ゲームをコントロールするSOは、彼に積極的にボールを持たせてどんどん相手にぶつけていくことができるし、それを繰り返した後で、その選手にボールを持たせるように見せかけて防御の動きを止め、背後にいる選手を走らせるようなこともできる。

強い選手が味方にいるだけで、オプションが広がるのだ。

では、どんな選手が、本物の強さを持っているのだろうか。

それを見極めるために、僕は相手がタックルするときの反応に注目していた。

簡単に言えば、試合中に相手がタックルするのを嫌がるような選手が、どんな相手にも通用する「本物の強さ」を持った選手――僕は、そんなふうに考えていた。

グラウンドレベルでは、相手の表情から、明らかにタックルするのを嫌がっていると感じることがある。相手が、タックルに入るときの勢いがいつもよりソフトだと感じる場面もある。そういうときに、その選手の強さが相手に効いていることが実感されるのだ。

観客席や映像でラグビーを見ているファンは、たとえば巨漢のFWが、タックルにきた選手を何人も吹っ飛ばすような場面を見て「強い選手だ！」と思うかもしれない。

しかし、プレーヤーは、もっと細かいところを観察して強さの質を理解する。

僕は今、解説者としてラグビーを見る機会が多いので、その点では、みなさんと同じように映像から強さを判断しているのだが、今でも強いと言われている選手の強さが効果的かどうか、だいたいわかる。特に、ディフェンスする選手が、タックルするのを嫌がっているような場合に、「ああ、この選手は強い」と認識するのだ。

映像ではなかなかわかりづらいかもしれないが、みなさんにも注目してもらいたいのが、ディフェンスの選手がタックルに入るときのスピードだ。

つまり、ディフェンス側の選手が良いスピードでタックルに入っている場合は、タックルを嫌がっていないケースが多い。結果的に相手に弾《はじ》き飛ばされたとしても、タックルに入った選手からは「なにがなんでも倒してやろう！」という気持ちが伝わるし、結果ではなく、気持ちの上で、相手を恐れていないケースがほとんどだ。

逆に、結果的に相手を倒したとしても、良いスピードでタックルに入らず、ふわっと捕まえて下がりながら倒したような場合は、僕は「タックルを嫌がっているのかな」と考える。もちろん、相手の勢いを利用して倒すタックルのスキルもあるから、一概に相手を恐れているとは決めつけられないけれども、嫌がっている場合の方が多いのだ。

●強い選手を使った「表のプレー」と「裏のプレー」

現在のジャパンでは、テビタ・タタフが、そうした「強さ」を持つ選手だと言えるだろう。

これまでのテストマッチでも、タタフが、タックルしようと待ち構えている相手を弾き飛ばしてゲインする場面を何度も見ているし、また、相手もタタフに対しては、単独ではなく、2人がかり、3人がかりで止めようとする。こうして相手がタックルするために人数を割いてくるのも、強さが本物であることの証明になる。

そして、そんなタタフの強さを上手く活《い》かすことが、ジャパンの「強み」になる。相手の防御がタタフに集中する分、ディフェンスの人数が減ることになるから、それを利用するオプションが可能になるのだ。

たとえば、タタフにボールを持たせて何度か激しく相手にコンタクトさせ、その後で同じような布陣から今度はタタフを飛ばしてパスしたり、あるいは彼の背後にパスを通して別のランナーを走らせる。こうすれば、ディフェンスがタタフに集中している分、ジャパンが人数的な優位を作り出すことが可能になる。

実際、僕も、15年W杯に至る過程で、マフィの強さを利用して、そういうオプションを試合のなかで使ったことがある。

強い選手にボールを持たせて正面から相手にコンタクトさせるオプションを「表」とすれば、強い選手をおとりにしてその外側のスペースを攻めるのが「裏」のオプションだ。つまり、1人の選手の強さを見せつけることで、同じ布陣から表と裏の二つのオプションを使えるようになるのだ。

この「表のプレー」と「裏のプレー」という考え方を知っておくと、観戦しているときに、攻撃側のチームがこれから相手のどこを攻めようとしているかが、わかるようになる。

特に、選手がいつもと違う位置に立っているような場合は、その選手を中心にしたスペシャルなプレーが用意されていることが多い。

ジャパンで言えば、ラインアウトのときに、タタフや、やはり強さが武器のWTBシオサイア・フィフィタが、どこに立っているかを確認すると、相手のどこを狙ってアタックしようとしているのか、ある程度予測がつく。

たとえば、ジャパンが、タタフをバックスラインのなかに入れているような場合、通常予測される「表」のプレーは、タタフにボールを持たせて相手のSOにコンタクトさせることだ。しかし、そうしたプレーを何度か見せた後では、そうやってタタフに防御の目を集中させて、タタフにボールを渡さずに、後ろから走り込んだフィフィタにボールを渡す「裏」のプレーを使うかもしれない。

このように、強い選手がどこに立っているかに注目するだけで、次の展開が、ある程度読めるようになるのだ。

●強みと弱みのマッチングがゲームを動かす

才能や強さに恵まれた選手を、チームのために献身的に働く「チームマン」へと育てていくには、どうすればいいのだろうか。

僕が、キャプテンやリーダーを務めていたときは、そういう選手の優れているところを伸ばすことで、チームに溶け込ませようと心がけてきた。

たとえば、マフィや東芝で活躍したルアタンギ侍《さむらい》バツベイのような選手なら、彼らは単純に強いので、とにかく試合中にボールを渡すように心がけた。そうすれば、彼らは気持ちよく伸び伸びとプレーしてくれる。もっと言えば、試合の最初のプレーでもっとも好きなプレーをやってもらって、そのあとも機嫌良く働いてもらうようにする。

彼らも、最初に自分の得意なプレーが決まると、いい精神状態を保って試合に集中できる。逆に、最初に細かいプレーを要求して、それが上手くいかなかったようなときは、そのあともあまり良い状態でのプレーが望めない。

一方、理詰めにプレーを考えるのが好きな選手には、そういった単純な方法ではなく、もう少し論理的に「こうしたい」と伝えてプレーを任せる。そうすれば、自らどうすればいいかを考えて、だいたいは期待に応《こた》えてくれる。

選手一人ひとりの個性に合わせて接することがなによりも大切なのである。

リーチ　マイケルも、考えることが好きなプレーヤーだから、彼には「どういうふうにボールをもらいたい？」と訊《き》くのが効果的だった。というのも、リーチは、相手に接近したぎりぎりのタイミングでボールをもらうより、その少し前の余裕があるところでボールをもらって、自分のセンスで走ることを好むからだ。

このボールをもらうタイミングも、選手によって好みが違っていて、相手と間合いがあるところでボールをもらいたがる選手には、少し早めにパスをしてあげるし、ギリギリのタイミングでパスをもらうことをいとわない選手には、その特性を存分に活かしてもらう。

その上で、ゲームリーダーには、そうした強い選手の好むプレーと、相手の強みや弱みとのマッチングを見極める目が求められる。

いくらボールを持ってシンプルに前に出るのが強い選手がチームにいても、相手が名うてのタックラーを揃えたディフェンスが強みのチームであれば、単純にボールを持たせるだけではかえって相手の強みを引き出すことにもなりかねない。今回のW杯で考えれば、イングランドやアルゼンチンが、こうしたディフェンスの強みを持っている。

だから、こういうチームには、こちらの強みが相手の強みと正面からぶつからないように、ランニングコースやボールを持たせる場所を少し変えて、相手のやや弱い部分に強い選手を当てるような工夫が必要になってくる。

要は、相手の一番弱い部分に、こちらの一番強い部分を当てられるようにゲームを組み立てることが大切であって、これが、強みと弱みのマッチングなのである。

現在ジャパンのコーチを務めているトニー・ブラウンとは、彼が三洋電機時代のワイルドナイツでプレーしていた頃に対戦したことがある。彼は、相手の弱い部分を効果的に攻められるように、試合中も良くコミュニケーションを取っていた。つまり、自分たちの強みを発揮することだけを考えるのではなく、相手の弱点をプレー中に見極めながら、最適のマッチングを探っていたのだ。

この考え方が、現在のジャパンにも受け継がれていて、細かいプレーを得意とするチームの特徴にマッチして、現在の素晴らしいアタック力につながっている。

●ジャパンの強みと裏のプレーが結合して生まれた代表的トライとは?

対戦相手を入念に分析してわずかな弱みを見つけ、そこにジャパンの強みをぶつけて成功したプレーは過去のジャパンにいくつもあるが、代表的な例が、15年W杯の南アフリカ戦で、後半28分のFB五郎丸歩のトライに結びついたアタックだった。

これは、南アフリカ陣に少し入ったところのマイボールラインアウトから、一度もコンタクトせずに一気にトライを獲り切ったスペシャルプレーだ。

プレーを考案したのは、現在横浜キヤノンイーグルスで監督を務めている沢木《さわき》敬介《けいすけ》コーチングコーディネーター（当時）で、W杯前に行われた南アフリカ対アルゼンチンのテストマッチを分析する過程で、南アフリカの防御が、ラインアウトのときにFWとバックスの間にわずかなギャップが生まれることを見つけたのがきっかけだった。

実際のプレーは、ラインアウトから出たボールをSOの小野が受けるのではなく、それまで一度もパスを放っていないCTB立川に渡すところから始まった。そして、立川がこの試合で初めてのパスを小野に放り、小野が内側に走り込んできたWTB松島にパス。松島がそのまま きれいに抜け出して、最後は五郎丸がトライに仕上げた。

つまり、このプレーには、分析で見つけた防御のわずかなほころびに、ジャパンが得意とする緻密《ちみつ》なハンドリングでスピードのあるランナーをぶつけた「自分たちの強みと相手の弱みのマッチング」と、それまで70分近い時間をコンタクトに徹した立川にパスを放らせる「裏のプレー」が、最高の形で凝縮されていたのだ。

しかも、この試合を締めくくった、途中出場のＷＴＢカーン・ヘスケスの劇的な逆転トライも、この試合で初めて立川が放った飛ばしパスが防御の意表をついたことで生まれた。これが効いたのだ。

このように、緻密な分析に基づいて「自分たちの強みと相手の弱みをマッチングすること」と、コンタクトの強さを前面に押し出した選手が勝負所でパスを放るような「表のプレーと裏のプレーの使い分け」が、ジャパンの最大の強みなのである。

スペシャルプレーはチームの選手一人ひとりのキャラクターとチームの文化をもとにして生まれると第３章で述べたが、ジャパンではそこに、ジェイミー・ジョセフＨＣ、トニー・ブラウン・コーチら首脳陣による緻密な戦略プランを加えて、自分たちの強みを最大化しようと厳しい練習を重ねている。

そしてこれが、ジャパンが「ベスト8以上」を目指す上での、武器の一つなのである。

●途中経過に一喜一憂しないトップレベルのマインドセット

今、挙げた15年Ｗ杯南アフリカ戦のトライは、ジャパンが練り上げたスペシャルプレーが見事に成功した例だが、レベルの高い相手と戦うＷ杯では、すべてのスペシャルプレーが成功するわけではない。

スペシャルプレーについては、よく成功か失敗か、100かゼロか、みたいな二分法で見られることが多いが、そうではない。

たとえば、準備したスペシャルプレーが、100%成功してトライを獲《と》るところまで行かなかったとしても、そのプレーが布石になることもある。もしくは、そのプレーから相手の特徴を学ぶこともある。

もちろん、スコアや時間帯によってどのプレーを選択するかは変わってくるし、プレーに対する評価も変わってくる。

たとえば、ラスト5分で負けている状況ならば、リスクを冒して一か八かのプレーを選択することが「正解」になるし、逆に僅差でリードしているような状況ならば、なるべくリスクの少ないオプションを選択して、ミスをしないように心がけることが「正解」だ。この場合は、ミスで相手にボールを渡すことが、この時間帯にもっとも「やってはいけないこと」だからだ。

つまり、ゲームのなかでのプレー選択は、時間帯とスコアの相関関係によって決まる。その点では、第1章でご紹介した試合時間を6分割する観戦法を参考にしていただきたい。

プレーを選択する際には、「流れ」を感じ取ることも重要だ。

といっても「流れ」は目に見えるものではなく、言葉で説明するのは難しい。だから、プレーヤーは、次のように考えて流れを感じ取っている。

たとえば、反則が2回、3回と続くようなときは、頭の片隅に「流れが悪いな」という考えが浮かぶ。さらに、自分たちが注意していれば防げるような、不用意な反則が続いた場合は、本当に流れが悪いと警戒する。

強いチームと弱いチームの差が出るのも、この流れが悪い時間帯だ。

強いチームは、流れが悪くなって自陣からなかなか脱出できないような状況に追い込まれると、もう一度規律を守ることを意識してチームに徹底し、不用意な反則を犯さなくなる。そして、辛抱強くディフェンスを続け、我慢の時間帯を過ごす。彼らは、そうやって我慢を続けていれば、相手がノックオンをしてくれたり、ペナルティを犯して、ふたたび流れが変わることを知っているからだ。

同時に、たとえ相手に得点をとられたとしても、自分たちで自分たちのプレーを律することができている限り、それほど流れが悪くならないことを、強いチームのメンバーは知っている。W杯のような舞台では、相手のプレーがメチャクチャ上手くてトライを獲られる場合も当然あるから、そういう場合は「仕方がない」と素早く気持ちを切り替えることができるのだ。

むしろ、チームに嫌なムードが漂うのは、ディフェンスの過程で誰かがチームの約束事を破り、勝手なことをして防御に穴を作ったような場合だ。こういう場合は、失点したかどうかにかかわらず、すごく嫌な気持ちになる。

アタックをしているときも同様で、トライを獲っても、相手の組織防御が崩れていなければ――つまり、トライは獲ったけれども、相手が最後まで組織を崩さずに守り続けた場合は――決してそこで気を緩めない。あまり手放しで喜ぶ気持ちにはなれないのだ。

逆に、相手が勝手なことをやってギャップができてトライをしたような場合は、こちらのアタックが相手にプレッシャーを与えていることを実感できて、少し気持ちが楽になる。たとえば、本来はアタック側のWTBに最後まで張りついていなければならない防御側のWTBが、一発逆転のインターセプトを狙って大きく飛び出してきたような場合だ。こういうときは、アタックのプレッシャーが相手に効いていることを実感できるのだ。

相手のパスをきれいにインターセプトして独走トライ――という場面でも、インターセプトされた側の選手が諦《あきら》めずに最後までしつこく追いかけてくることがある。そうなると、余裕を持ってゴールポスト真下にトライできるはずが、コーナーに追い詰められてようやくトライになる。そんなときは、相手から勝負を諦めていない気持ちが感じられて気を緩められない。

実際、レベルが高くなればなるほど、試合はお互いにトライを獲り合う展開が多くなるので、選手たちは、試合を決めるトライを獲ったと思えるまで、あまり一つひとつのトライに一喜一憂し過ぎない。

僕も、キャプテンやゲームキャプテンをサポートする役割だったときは、トライを獲った直後には、喜ぶよりも、獲られたチームがどういうふうに円陣を組むかに注意を払っていた。特に気にしたのが、トライを獲られてから円陣を組むまでの時間だった。

たとえば、トライを獲られた直後に選手たちが「次だ、次！」と声を掛け合いながら素早く円陣を組むようなチームを見ると、「このチームはまだ諦めていないな」と思うし、反対に、選手が散発的に集まって、少し時間が経ってから円陣を組む様子を見ると、「相手がバラバラになりかけているのかな」と感じ取ることができた。

ラグビーには、実は究極の「必勝法」がある。

それが、相手の選手を、一人ひとりバラバラに孤立させることだ。

そうなったら、どんなに強い選手がいても、脅威にはならない。

だから、トライを獲られたあとのコミュニケーションがなかなか上手くとれず、みんながバラバラの方向を向いているような相手チームを見ると、ひそかに「もう大丈夫だ」と思っていたのだ。

当然、高いレベルの試合を勝ち抜くためには、相手にトライを獲られたときの対応も非常に重要になってくる。

たとえば、前半の早い段階でトライを奪われてスコアが0対10になったとしても、トッププレベルの選手たちは、ほとんど動揺しない。それは、選手たちが途中経過に一喜一憂し過ぎず、80分間を戦い終えて1点でもスコアが上回っていればいい——というマインドセットでゲームを進めているからだ。

W杯のような最高レベルの試合では、ゲームの流れが行ったり来たりを繰り返すし、リードが二転三転することが多くなる。プレーしている選手たちが、自分たちのラグビーを貫徹することに集中しているから、必然的にそうなるのだ。

それが、W杯の魅力なのである。

●ジャパンの実力を築いた成長過程と成功体験

このように、W杯に出てくるレベルの選手たちが、試合の流れを読み、スコアが動いても精神的に動揺することなく、かつ気持ちを切らすこともなくプレーを続けられるのは、これまでにさまざまな経験を積んできたからだ。

経験といっても、それぞれのチームが経てきた過程が違うから、一口にこうすれば経験値を高められるとは言えないが、ジャパンに即して言えば、次のようになる。

15年W杯で南アフリカに勝つまで、91年W杯でジンバブエ代表に勝った1勝しか挙げていなかったジャパンは、どのくらいの準備をすれば勝てるのか、実感できていなかった。だからこそ、W杯での勝利経験が豊富なエディ・ジョーンズHCが課すハードワークに無我夢中で取り組んで、ようやく結果を出した。それが成功体験となって、これくらいの準備をすれば勝てるということを学んだ。

そうやって勝つことを経験し、テストマッチでも勝利を積み重ねられるようになると、今度は、テストマッチに負けたときの振り返り方が変わる。勝った時と比べて何が足りなかったのか。負けたなかでも何が良かったのかを等身大に考えられる。

そして、それが次のステップに向かうためのクリアすべき課題となってチームのレベルが上がり、また新たな勝利に結びつく。

経験値という言葉がよく使われるが、選手たちが今述べたようなプロセスを経て積み重ねた経験がさまざまな形でチームに蓄積され、継承されて、その値は大きくなる。

そうした経緯を経て、ジャパンは19年W杯でベスト8進出を達成したのである。


成功体験という言葉も、15年W杯、19年W杯とジャパンが白星を重ねるにつれて、非常に大切なもののように考えられている。確かにチームに成功体験が蓄積すれば、それは次のステージに向かうときの大きな支えになる。

ただ、ことテストマッチということで考えると、相手が同じチームでも毎回対応策を練って戦い方を変えてくるから、成功体験がそのまま通用しない。だから、あまり過去の経験にこだわり過ぎるのも良くないのでは、と考えている。

それよりも、成功体験がもたらす最大のメリットは、選手たちが、「本当に相手に勝てるかどうかはわからないけれども、これくらい準備をしたから、それなりのラグビーができるだろう」と、過去の経験に照らし合わせて考えられるようになることだ。そう考えることが、準備の過程で苦しさを乗り越えるモチベーションになる。

つまり、たとえが適切ではないかもしれないが、市販の風邪薬が手元にあると具合が悪くなったときに心理的な安心感がもたらされるように、「ここまで準備をしたから、大丈夫なはずだ」という心理的な効果をチームにもたらすのが、成功体験ではないかと思うのだ。


それに、チームがずっと勝てなくても、成長することはできる。

12年に僕がジャパンのキャプテンとなったときには、ジャパンはアジア諸国以外の相手には、なかなか勝てない状態だった。

この年は、アジア・ファイブネーションズ（五カ国対抗）という大会を全勝で終えた直後に、フィジー代表、トンガ代表、サモア代表の順に戦うパシフィック・ネーションズカップに臨み、ジャパンはいずれも6点差以内の僅差で敗れた（フィジー戦19対25、トンガ戦20対24、サモア戦26対27）。

このとき僕は、キャプテンとしてチームの「成長」を大切にしていて、「フィジーにこんないい試合ができた」「サモアにもこんないい試合ができた」というのが、チームとしての自信につながっていった。特に、試合の最後の20分間に、「相手がへばっているのに、オレたちこんなに走れるんだ」と感じられたことは、それからあとの僕たちを支えた大きな自信につながった。だから、試合には敗れたけれども、成長を実感できて前を向くことができた。

その秋のヨーロッパ遠征でルーマニア、ジョージアといった厳しい相手とアウェーで戦い、そこで連勝して手応《てごた》えをつかんだことはすでに述べたが、成長を感じながらテストマッチを戦うなかで勝利をつかんだことで、初めて「こうすれば勝てる」という勝つための道筋が実感できた。

そこで初めて、「このまま強化を積み重ねていけば、W杯も楽しみ」みたいな気持ちになっていったように覚えている。

こうして試合のどこで我慢をすればいいのか、どうすればトライを獲れるのかを、試行錯誤を重ねながら最初の1年間に経験したことで、みんなが「同じ絵」を見られるようになり、勝ち方を少しずつ学んでいった。

だから、テストマッチに敗れても、どこが上手くいかなかったのかを冷静に振り返って、次の試合につなげられるようになった。次の試合に向かう仮説を立てやすくなって、克服すべき課題が明確に見えてきたのだ。

このように、チームが成長し、本当のカルチャーを備えたトップレベルへと上がっていくためには、成功体験だけではなく、成長という視点もまた非常に大切なのである。

僕たちが積み重ねたそうした経験は、今回のW杯フランス大会に臨むジャパンにも引き継がれている——と、僕は信じている。

僕といっしょに15年W杯を戦ったメンバーは、もう稲垣啓太、堀江翔太、リーチ マイケル、松島幸太朗の4人しか残っていないが、15年W杯で得た経験と教訓は19年W杯日本大会へと引き継がれ、今は、そこでベスト8を経験した選手たちが引き継いで、新しく加わったメンバーとともに新たな経験を加えて、さらに経験値を高めている。

そうやって、日本のラグビーが着実に積み重ねてきた成果を、世界に向けて発信する場が、チリ代表戦から始まるW杯フランス大会の4連戦なのである。

ラグビーのテストマッチは相手があることだから、勝敗がどちらに転ぶかまでは断言できないが、僕がジャパンにはベスト8以上を狙う実力があると考えているのは、以上のような理由からだ。

おわりに

ワールドラグビーが定めた「ラグビー憲章」には次の五つの言葉が掲げられている。

品位　INTEGRITY
情熱　PASSION
結束　SOLIDARITY
規律　DISCIPLINE
尊重　RESPECT

僕自身、この五つのコアバリューは人間が生きていくうえで必要不可欠なものだと考えている。そして、こういう価値観が、僕が愛するラグビーという競技を通じて、さらに広く社会に浸透すればいいと考えている。

品位を保つためには、「勝ち負け」以外の心の内側から湧き上がる情熱が必要だ。ラグビーに限らず、社会のさまざまなところに、これらの価値が根づけば素晴らしいと、僕は考えているのだ。

これまでのジャパンは、この憲章の精神を実践するように対戦相手を尊重し、チームのなかで仲間を尊重する気持ちを維持して、好循環を生み出してきた。その結果、世界トップ10入りを果たし、さらに「その上」を目指す情熱を保ち続けている。

僕自身も、彼らをサポートするために、これからも微力ながら、さまざまな活動を続けたいと考えている。

本書も、その一環である。

僕が今、取り組んでいる活動の一つに「ONE TEAM 大作戦」がある。

これは、日本全国の街を特別に仕立てた「エールカー」で巡り、その軌跡をGPSアートにして、日本地図の上に「ONE TEAM」という文字を浮かび上がらせるプロジェクトだ。その間に、日本各地の拠点に車を止めつつ、みなさんからのエールをボードに書いてもらい、それを、ジャパンの選手に届けることも目的にしている。集めるボードの目標は10万枚だ。

19年W杯では、選手たちは日本中のファンの応援や熱を直接感じてプレーできた。しかし、今大会はフランスで開催される。だから、フランスにいる選手たちに、ファンのみなさんの思いを届けられる機会を作れないか、というのがそもそもの発想で、同時に、4年経って巡ってきたW杯の機会に、何かやりたいと思っているみなさんに、このプロジェクトが何かの行動を起こすきっかけになれば——という思いも込めている。

19年には「にわかファン」という言葉も流行《はや》ったけれども、あれから4年経って、またジャパンにエールを送りたくなった人たちがけっこういるのではないかと僕は思っている。そうした人たちに、またラグビーを見てもらうためのきっかけになればいいし、プロジェクト自体を楽しんでもらいたいのだ。

日本開催のW杯以後、企業などで「ワンチーム」という言葉が使われるようになって、みんなで何か一つのことに取り組む喜びを、みなさんが感じてくれた。しかも、「多国籍のチームがあれだけまとまるのはカッコいいよね」と、ジャパンがある種の理想のチームとして映り、そこから「自分の立場でも頑張ろう」と思う人たちが増えたようにも感じている。それが、19年W杯の成果だと、僕は考えている。

あれから4年、サッカーでも野球でも日本代表が世界の舞台で大活躍して、そのたびに「にわか」を自称するファンが拍手を送った。そんな流れに乗って、フランス大会でもジャパンが活躍し、4年ぶりにラグビーを見た人たちにも、改めて「やっぱり、みんなが一つのチームとしてまとまって戦う姿はいいよね」と思う人が増えてくれれば、僕としては嬉《うれ》しい限りだ。


2023年9月。

ジャパンは、日本ラグビー界の期待を背負ってW杯フランス大会に臨む。

目標は「ベスト8以上」だ。

その可能性や見所はこれまで本書で述べた通りだが、サッカー日本代表や野球の侍ジャパンの活躍もあって、ラグビー界だけではなく、国民的な期待も高まっている。

僕も、今のジャパンが、イングランド代表、アルゼンチン代表とどう戦い、どんな結果を残すのか、期待を込めてワクワクしながら見守りたいと思っている。

そして、目標通りに準々決勝を勝ち上がって準決勝に進めば、それは日本のラグビー界にとって大きな財産となるだろう。しかし——W杯である以上、思い通りの結果が出ずに、プールステージで敗退する可能性もある。

そのとき、ジャパンは、日本のラグビー界は、そして応援してくれたラグビーファンは、いったいどういう反応を見せるのだろうか。

万一、目標を達成できなかったとしても敗北感にうちひしがれる必要はないと考えている。今のジャパンには勝ち負けを超えた「ラグビーをもっと盛んにしたい」という、強い思いがあるからだ。

ジャパンが日本を代表するチームである以上、常に勝利を求められるのは当然のこと。そしてまた、勝つことがナショナルチームとしてのミッションでもある。

それを踏まえて言えば、たとえミッションを果たせなかった場合でも、負けたことを冷静に検証し、次なる戦いに備えてさらにチームのレベルを引き上げることが、大きな学びとなる。そうした試行錯誤が、この国のラグビーをもっと豊かにするだろう。

19年W杯日本大会に臨んだ選手たちも、そういう熱い思いを胸に戦い、史上初めてのベスト8進出を達成した。

しかし、年が明けた20年に新型コロナウイルスの感染が一気に拡大すると、当時のトップリーグは途中で打ち切りとなり、豪華なカードが予定されていたジャパンのテストマッチも中止に追い込まれた。

実現しかけた夢が、思いもかけない理由から遠ざかってしまったのだ。

それでも、選手たちはみな、黙々と自分がやるべきことに集中して、現在の水準までチームを鍛え上げてきた。

W杯前の強化合宿では、前代未聞の厳しいタックル練習まで行われている。

誰も予想できない事態が続いて大変だったけれども、今こそ自分たちを信じて道を歩んでいる——というのが、現在の日本ラグビーの姿なのである。

だからこそ、W杯フランス大会でも、失敗を恐れることなく、思い切って「世界」に挑戦して欲しい。思い切ったチャレンジをするからこそ、未来への道も開ける。そのときに検証されるべきは、結果ではなくプロセスだ。

日々を振り返って「ベストを尽くした」と言い切れるなら、そのまま強度を上げて次のW杯に向けた準備に取り組むことができるだろう。

ジャパンの渾身《こんしん》のチャレンジが成功して、フランスの地から喜びのご報告ができることを願って、本書の結びに変えたい。

アレー・ジャポン！
アレー・ブレイブ・ブロッサムズ！

付　ラグビー用語辞典

83頁 **アフターマッチファンクション**　試合後に両チームで行われる交流会のこと。

129頁 **インターセプト**　相手が投げたパスを途中で奪い取ること。

32頁 **インフィールド**　ゴールラインとタッチラインで囲まれた区域のこと。

26頁 **ウォーミングアップ**　試合開始前、各チームはグラウンド上で短時間の練習を行う。開始直後から効果的にパフォーマンスが発揮できるよう、体をあたためたりプレーを確認したりする。

42頁 **オーバー・ザ・トップ**　相手チームに倒れこんでボールを出させないようにする反則。覆い被さられてしまうと、ボールの奪い合いができず試合が停滞する。倒れ込みとも言う。

57頁 **オブストラクション**　ボールを持っていない相手のプレーを妨害すること。

82頁 **オールメン**　ラインアウトにフォワード全員が参加すること。攻撃側の人数に合わせ、防御側も同じ人数を並べるのが一般的。

34頁 **カウンターアタック**　攻撃側がキックを蹴ったシーンにおいて、防御側がキャッチした後に防御から一転して攻撃に移ること。

36頁 **キックオフ・リターン**　キックオフのボールをキャッチしたあとの反撃のプレー。

39頁 **ゲイン**　スクラムなど、攻撃の起点になる地点からゴールラインと平行に引いたラインを「ゲインライン」と呼ぶ。ゲインはそのラインを越えること。

31頁 **コイントス**　試合開始前にコイントスを行い、勝ったチームが試合開始のキックオフを蹴るか、エリアを選ぶかを選ぶ。

6頁 **コンタクト**　タックルなどにより選手と選手が接触すること。及びそのプレーが起きる地点のこと。

129頁 **コンテストキック** 空中高くにボールを蹴って、相手と味方で競り合うキックのこと。

41頁 **ジャッカル** タックルされて倒れたアタック側の選手が、ボールを自分のチームに見せてダウンボールしようとするところに、ディフェンス側が、しっかり両足で自立して上から両手を伸ばし、ボールをもぎ取るように襲いかかること。

63頁 **ストラクチャー／アンストラクチャー** 陣形が整った状態。／陣形が崩れた状態。

135頁 **セットピース** セットプレーのこと。

32頁 **タッチキック** グラウンドのタッチラインより外にボールが出るように蹴るキック。タッチラインの外にボールが出るといったんプレーが切れる。タッチの外に出ない場合はノータッチキック。

77頁 **タップキック** ボールを自分の足に軽く当てて自分でキャッチし、そのまま走り出す動作。

61頁 **ドロップアウト** アタック側が蹴ったボールがディフェンス側に一度も触らずにディフェンス側のインゴールに入り、そのボールをディフェンス側が地面におさえること。

98頁 **ノット・リリース・ザ・ボール** ボールを持った選手が倒れたあとも、ボールを放さずに持ち続ける反則。

68頁 **ノット・ロール・アウェー** タックルをした選手がその場から離れずに、相手のプレーを妨害する反則。

47頁 **パイルアップ** ブレイクダウンからボールが出せなかったり、密集の中でボールの動きが止まったりすること。

66頁 **バインド** スクラムで、第一列の選手が相手とつかみ合うこと。

59頁 **ハンドリング／ハンドリングエラー** ボ

ールを手で扱うプレー、手さばき。／その失敗。

77頁　**フィットネス**　走り続けられる能力、すなわち一般的な意味でのスタミナを指す。この他に、ぶつかり合いや力仕事を続けられる能力という意味のコンタクトフィットネスもある。

101頁　**ブラインドサイド**　ボールの位置から左右をみて、狭い側のこと。対義語：**オープンサイド**。

43頁　**ブレイクダウン**　タックルが成功した後にできる密集でのボール争奪戦のこと。

29頁　**プレースキック／プレースキッカー**　グラウンドにボールを置いてから蹴るプレー。／そのキックを蹴る人。

34頁　**ラインブレイク**　アタック側の選手が、タックルしてきた相手を抜き、ディフェンスラインを破って前進するプレー。

68頁　**レッグドライブ**　オフェンス時、相手を引きずって進むプレー。タックル時、両足をかいて相手を倒すプレーのことも同様にいう。

68頁　**ワークレート**　仕事量（試合における一人一人の生産性）のこと。

本書は書き下ろしです。

廣瀬俊朗（ひろせ・としあき）
1981年、大阪府生まれ。ラグビー日本代表応援サポーター2023。5歳のときにラグビーを始め、北野高校、慶應義塾大学を卒業。2004年に株式会社東芝入社。1999年度、U19日本代表、高校日本代表、2007年より日本代表。12年から13年まで日本代表のキャプテンを務める。15年W杯では日本代表史上初の同一大会3勝に貢献。19年に東芝を退社し、株式会社HiRAKUを設立。通算キャップ数28。ポジションはスタンドオフ、ウィング。著書に『ラグビー知的観戦のすすめ』（角川新書）、『相談される力 誰もに居場所をつくる55の考え』（光文社）などがある。

ラグビー質《しつ》的《てき》観《かん》戦《せん》入《にゅう》門《もん》

廣《ひろ》瀬《せ》俊朗《としあき》

2023年 8月 10日　初版発行
2024年 11月 15日　3版発行

◆◇◇

発行者　山下直久
発　行　株式会社KADOKAWA
〒102-8177　東京都千代田区富士見2-13-3
電話　0570-002-301（ナビダイヤル）

装 丁 者　緒方修一（ラーフイン・ワークショップ）
ロゴデザイン　good design company
オビデザイン　Zapp!　白金正之
印 刷 所　株式会社KADOKAWA
製 本 所　株式会社KADOKAWA

角川新書

ISBN978-4-04-082456-7 C0275